大学入試　レベル別英語長文問題
Solution2　ハイレベル

別冊問題　もくじ

以下の英文は、プラスチックが海に与える影響に関する記事である。この英文を読み、マーク記入式設問 **1.** ～ **5.** に答えなさい。

We depend on plastic. Now we're drowning in it.

It's hard to imagine now, but a little over a century ago, hardly anyone knew what plastic was. Today plastic is everywhere, and it makes modern life possible, (1-A)(　　　) life-saving medical devices (　　　) the lightweight materials used in our cars, computers, phones, spaceships, shopping bags, and on and on.

(2-A)(　　　), (3)plastic has become a plague on the environment — particularly our oceans, Earth's last drainage sinks. Of the 9.2 billion tons of plastic produced during the past century, most of it since the 1960s, more than 6.9 billion tons have become waste. And of that waste, a *staggering 6.3 billion tons have never been recycled — a (1-B)(　　　) that stunned scientists who crunched the numbers in 2017.

(2-B)(　　　). In 2015, Jenna Jambeck, a University of Georgia engineering professor, caught everyone's attention with a rough estimate: 5.3 million to 14 million tons of plastic each year, just from coastal regions. Most of it is dumped carelessly on land or in rivers, mostly in Asia. Then, Jambeck said, it's blown or washed into the sea.

(1-C)(　　　) five plastic grocery bags stuffed with plastic trash, Jambeck said, sitting on every foot of coastline around the world.

That would $_{(1-D)}$ (   ) about 8.8 million tons of plastic trash each

year. It's unclear how long it will take for that plastic to completely

*biodegrade into its constituent molecules. Estimates $_{(1-E)}$ (   )

25 from 450 years to never.

     Meanwhile, $_{(2-C)}$ (   ) every year. Nearly 700 species, including

endangered ones, have been affected by it. Some are strangled by

abandoned fishing nets or discarded six-pack rings. Many more are

probably harmed invisibly. Marine species of all sizes, from

30 zooplankton to whales, now eat microplastics, $_{(4)}$ the bits smaller

than one-fifth of an inch across.

1
環境論

2
教育論

3
心理学

4
言語論

5
幸福論

6
心理学

7
社会論

8
国際関係論

9
宇宙論

10
心理学

*staggering 驚異的な   *biodegrade（微生物によって）分解する

1. 下線部（1−A）～（1−E）の空所に入れる最も適切なものを、それ
ぞれ次のa～dの中から1つ選びなさい。

(1−A)	a. to, until	b. by, to
	c. from, to	d. at, from
(1−B)	a. figure	b. waste
	c. plague	d. decrease
(1−C)	a. Even if	b. What if
	c. Put	d. Imagine
(1−D)	a. cover up	b. correspond to
	c. cut down	d. estimate
(1−E)	a. range	b. build
	c. suffer	d. are thought

2. 本文中の空所下線部（2−A）～（2−C）がそれぞれ下の和訳の意味
になるように正しくそれぞれの語句を並べ替えたとき、3番目に配
置される語句の記号を1つ選びなさい。ただし、文頭に来る単語の
最初の文字も小文字で示されている。

（2－A）　それが利便性を備えるものではあるものの

    a.　the　　　　　　　　　　b.　for

    c.　convenience　　　　　　d.　all

    e.　provides　　　　　　　　f.　it

（2－B）　リサイクルされないプラスチックが最終的に海に行く量が
　　　　　どれほどかははっきりわかっていない。

    a.　in　　　　　　　　　　　b.　ends up

    c.　the ocean　　　　　　　d.　it's

    e.　how much　　　　　　　f.　plastic waste

    g.　unrecycled　　　　　　　h.　unclear

（2－C）　（毎年）海にあるプラスチックは何百万頭もの海産動物を殺
　　　　　すと推定されている。

    a.　is　　　　　　　　　　　b.　estimated

    c.　ocean plastic　　　　　　d.　kill

    e.　marine animals　　　　　f.　of

    g.　millions　　　　　　　　h.　to

3.　下線部（3）の中の "plague" がその文脈の中で意味しているものは
何か、最も適切なものを次の a～d の中から 1 つ選びなさい。

    a.　shortcoming　　　　　　b.　necessity

    c.　wonder　　　　　　　　d.　trouble

4.　下線部（4）"the bits" が意味しているものを次の a～d の中から 1
つ選びなさい。

    a.　constituent molecules　　　　　b.　microplastics

    c.　completely biodegraded plastics　　d.　recycled plastics

5. 2段落目で取り上げられている各数値の関係を正しく書き表したグラフを、次のa～dの中から1つ選びなさい。

a.

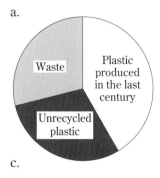

b.

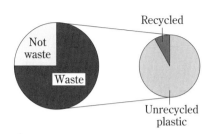

c.

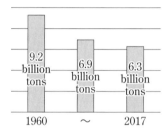

d.

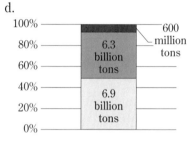

1
環境論

2
教育論

3
心理学

4
言語論

5
幸福論

6
心理学

7
社会論

8
国際関係論

9
宇宙論

10
心理学

次の英文を読んで、設問に答えなさい。

When you were ten years old and someone asked you what you wanted to be when you grew up, anything seemed possible. Astronaut. Archaeologist. Fireman. Baseball player. The first female president of the United States. (1)Your answers then were guided simply by what you thought would make you really happy. There were no limits.

There are a determined few who never lose sight of aspiring to do something that's truly meaningful to them. But for many of us, as the years go by, we allow our dreams to be peeled away. We pick our jobs for the wrong reasons and then we settle for them. We begin to accept that it's not realistic to do something we truly love for a living.

Too many of us who start down (2)the path of compromise will never make it back. Considering the fact that you'll likely spend more of your waking hours at your job than in any other part of your life, it's a compromise that will always eat away at you.

But you need not resign yourself to this fate.

I had been out of college and in the working world for years before I figured out that I could make it back to school to teach and develop a generation of wonderful young people. For a long time, I had no idea that (3)this might be possible. Now there's nothing I would rather be doing. Every day I think of how fortunate I am.

$_{(4)}$I want you to be able to experience that feeling — to wake up every morning thinking how lucky you are to be doing what *you're*
25 doing.

問1　下線部（1）を日本語に訳しなさい。

問2　下線部（2）the path of compromiseとはどういうことか、本文に即して説明しなさい。

問3　下線部（3）thisとはどういうことか、本文に即して説明しなさい。

問4　下線部（4）を日本語に訳しなさい。

1
環境論

2
教育論

3
心理学

4
言語論

5
幸福論

6
心理学

7
社会論

8
国際関係論

9
宇宙論

10
心理学

制限時間25分／311 words／解答：本冊p.36

次の英文を読み、下記の設問（ A. ～ C. ）に答えなさい。

Common sense tells us that people's decisions depend both on their beliefs and on their desires. (1)Some philosophers have been skeptical about common-sense psychological theories. Decision theorists, however, have generally accepted the common-sense analysis of decision making, and assumed that beliefs and desires can be completely different from one another. Decision making is, therefore, a more complex process than judging probabilities. Indeed, it typically requires a combination of the probability judgements (ア)associated with our beliefs and information about our preferences. Whether someone takes an umbrella when they go out depends both on whether they think it will rain, and whether they want to avoid getting wet. Indeed, probability theory was originally developed for analyzing games of chance and assessing insurance risks. In both cases, judgements of probability inform decisions with outcomes people really (イ)care about — outcomes of financial gain and financial loss.

Some decisions do not depend on probability judgements, and the rational thing to do is to choose the more favourable alternative. (ウ)Other things being equal, would you rather be given $10 or $100? (2)Obviously, $100. However, many decisions do involve probabilities, and they can be divided into those that involve *risks*, and those that involve *uncertainties*. Decision making under risk means that the probabilities of the outcomes are known, although the actual outcome cannot be (エ)predicted. Bets on the throw of a fair dice come into this category, since the probability of each outcome is one-sixth. Decision making under uncertainty means that the probabilities of the outcomes are unknown.

In most everyday decisions the outcomes are uncertain, at least to the extent that their probabilities cannot be (オ)quantified as precisely as the probability of a fair dice coming up six. Decision making under uncertainty is more complicated than decision making under risk, because each outcome has to have not just a probability, but a probability distribution associated with it.

設問

A. 本文中の下線部（ア〜オ）の文中での意味に最も近いものを、それぞれ下記（a 〜 d）の中から１つ選びなさい。

（ア） associated with
 a. connected with   b. disapproved by
 c. familiarized with   d. separated by

（イ） care about
 a. are absorbed in   b. are certain about
 c. have a taste for   d. have interest in

（ウ） Other things being equal
 a. If other things are equal
 b. Though other things are equal
 c. Unless other things are equal
 d. Whereas other things are equal

（エ） predicted
 a. contradicted   b. explained
 c. forecasted   d. preserved

1 環境論
2 教育論
3 心理学
4 言語論
5 幸福論
6 心理学
7 社会論
8 国際関係論
9 宇宙論
10 心理学

（オ）　quantified

  a. excluded　　　　　　b. expected

  c. measured　　　　　　d. qualified

B. 本文中の二重下線部 (1, 2) の文中での意味に最も近いものを、それぞれ下記 (a ～ d) の中から１つ選びなさい。

(1) Some philosophers have been skeptical about common-sense psychological theories.

  a. Some philosophers have been interested in people's decision making depending both on their beliefs and desires.

  b. Some philosophers have expressed doubts about people making decisions according to their beliefs and desires.

  c. Some philosophers have agreed to people making decisions that depend on their beliefs or their desires.

  d. Some philosophers have been indifferent to people making decisions based on their beliefs and desires.

(2) Obviously, $100.

  a. We choose the more favourable alternative based on probability.

  b. We do everything we can to choose the less favourable alternative.

  c. We just choose the more favourable alternative independent of probability.

  d. We only choose the less probable alternative by estimating the likelihood.

C. 次の問い (1) ～ (3) の答えとして最も適当なものを、それぞれ下記 (a ～ d) の中から１つ選びなさい。

(1) What does the author mean by a person's preference when going out on a rainy day?

  a. The person judges probabilities.

  b. The person thinks it will rain.

  c. The person thinks it will not rain.

  d. The person considers getting wet.

(2)　Why is the dice throw considered to be an example of decision making under risk?

　a. Because the probability of each outcome is higher.

　b. Because the probability of each outcome is known.

　c. Because the probability of each outcome is obscure.

　d. Because the probability of each outcome is uncertain.

(3)　Which one of the following includes what the author does not claim?

　a. As to decision making under uncertainty, the probabilities of the outcomes are uncertain.

　b. Decision making under risk has known probabilities of outcome.

　c. Many decisions include probabilities, but some do not.

　d. Regarding decision making under risk, both the probabilities of the outcomes and the actual outcome are known.

1 環境論
2 教育論
3 心理学
4 言語論
5 幸福論
6 心理学
7 社会論
8 国際関係論
9 宇宙論
10 心理学

制限時間20分／309 words／解答：本冊p.48

次の英文を読み、下の設問に答えなさい。

(1)<u>Strange as it may seem</u>, there is no generally agreed-upon way to distinguish between a 'language' and a 'dialect'. The two words are not objective, scientific terms, even among linguists. The *lay community shares the same *predicament, and people often use the terms to mean different things. (2)<u>As used by many people, language is what we speak and dialect is the linguistic variety spoken by him, usually someone thought of as inferior</u>. In other contexts, language can mean the generally accepted standard, the variety sanctioned by the government and the media. Dialects, on the other hand, are *homelier versions of the standard that vary from region to region and don't sound like the speech of radio announcers.

Language varieties, then, tend to be labeled dialects rather than languages for non-linguistic reasons, usually political or ideological. Dialects are spoken by people who don't run the country. They're generally considered to be not as 'good' as the standard language and consequently have little prestige. *Oftentimes they're not even written. (3)<u>In short, the distinction is subjective</u>. It depends on who you are and the perspective from which you judge the varieties.

From a linguistic perspective, no dialect is inherently better than any other and thus (4)<u>no dialect is more deserving of the title 'language' than any other dialect</u>. A language can be seen as a group of related dialects. For example, the dominant position of the

1
環境論

2
教育論

3
心理学

4
言語論

5
幸福論

6
心理学

7
社会論

8
国際関係論

9
宇宙論

10
心理学

*Parisian dialect in France is largely an accident of history. When
the *Count of Paris was elected king of France in the tenth century,
25　the dialect of his court became the 'standard' French language.
Other related varieties were *disdained as well as other unrelated
varieties (e.g., Basque in the southwest and Breton in the north). If
things (　①　) gone differently, however, the dialect of Marseille or
Dijon might have become the national language of France today.

注：lay 素人の　　　　　　　　predicament 困った状況
　　homelier > homely 素朴な　　oftentimes しばしば
　　Parisian パリの　　　　　　Count 伯爵（はくしゃく）　　　　　disdain 軽蔑する

1.　下線部（1）を日本語に訳しなさい。ただし、代名詞 it の内容を含める必要はない。

2.　下線部（2）を日本語に訳しなさい。

3.　筆者が下線部（3）のように考えている理由を日本語で説明しなさい。

4.　下線部（4）を日本語に訳しなさい。

5.　空所①に入る適切な1語を書きなさい。

制限時間20分／325 words／解答：本冊 p.58

次の英文を読んで、**(1)**～**(6)** の問いに答えなさい。**(1)** と **(5)** を除いて、それぞれの問いに対して答えをイ～ニの中から１つ選びなさい。**(1)** と **(5)** は指示に従って解答しなさい。

Many of us spend our leisure time in imaginary worlds — reading novels, watching television and movies, playing video games, and so on. When there isn't a book or screen in front of us, our minds often wander. Mind-wandering seems to be the brain's natural state; in other words, we spend a lot of time thinking about events that happened in the past, might happen in the future, or will never happen at all. ①Although this ability allows us to learn, reason, and plan, it may have a negative effect on our sense of well-being. Many philosophical and religious traditions teach that happiness is to be found by resisting mind-wandering and living in the moment. They suggest that when our mind wanders, we feel less happy. Are they right?

Recently, researchers tried to answer this question, investigating how often our minds wander, what topics they wander to, and (a). The researchers collected data by surveying over two thousand people, asking them to report their thoughts, feelings, and actions as they (b) their everyday activities. The participants answered a mind-wandering question ("Are you thinking about something other than what you're currently doing?"), an activity question ("What are you doing right now?"), and a happiness question ("How are you feeling right now?").

(c) analysis of the data collected in the survey, the researchers came to three conclusions. First, our minds wander frequently, regardless of what we are doing. Second, ②even if we are taking part in a very enjoyable activity, whether or not our minds are wandering says more about our happiness than what we are doing. Third, we are not as content when our minds are wandering as when our minds are focused on only one thing. In sum, the survey showed that the human mind is a wandering mind, and a wandering mind is (d) mind, just as philosophical and religious traditions have taught for centuries.

(1) 下線部①を日本語に訳しなさい。

(2) 空欄aに入る最も適切なものを選びなさい。
　　イ．how our happiness sustains this kind of wandering
　　ロ．how our wanderings sustain this kind of happiness
　　ハ．how this kind of happiness affects our wanderings
　　ニ．how this kind of wandering affects our happiness

(3) 空欄bに入る最も適切なものを選びなさい。
　　イ．believed in　　　　　　ロ．engaged in
　　ハ．escaped with　　　　　ニ．parted with

(4) 空欄cに入る最も適切なものを選びなさい。
　　イ．For　　　　　　　　　ロ．Through
　　ハ．To　　　　　　　　　　ニ．Under

1 環境論
2 教育論
3 心理学
4 言語論
5 幸福論
6 心理学
7 社会論
8 国際関係論
9 宇宙論
10 心理学

(5) 下線部②を日本語に訳しなさい。

(6) 空欄dに入る最も適切なものを選びなさい。

イ．a happy   ロ．a less happy

ハ．a more imaginary   ニ．a real

次の英文を読んで、設問に答えなさい。

At the turn of the twentieth century, a remarkable horse named Hans was paraded through Germany by his owner *Wilhelm von Osten, a horse trainer and high-school mathematics teacher. Not only could "Clever Hans" understand complex questions put to him in plain German — "If Tuesday falls on the eighth of the month, what date is the following Friday?" — but he could answer them by tapping out the correct number with his hoof. Using (1) this simple response, it appeared that Hans could add, subtract, multiply, and divide, tell the time, understand the calendar, and both read and spell words. Suspicious, the German board of education appointed a commission, including circus trainers, *veterinarians, teachers, and psychologists, to investigate the situation. Surprisingly, they concluded in 1904 that no trick was involved. (2) This did not satisfy the board, and the case was passed to psychologist *Oskar Pfungst for experimental investigation. Braving both the horse's and owner's notoriously bad tempers, Pfungst finally was able to demonstrate that Hans was no mathematician, but rather a fine observer of human behavior. In a story now told to countless "Intro Psych" students, Pfungst demonstrated that Hans could only answer questions correctly when: (i) the questioner knew the answer; and (ii) Hans could see the questioner. It gradually became clear that human questioners (not just von Osten, but naive individuals, and even Pfungst himself) made tiny postural changes as the correct answer approached, providing the cue for Hans to stop tapping.

25 Hans, it turned out, excelled not at arithmetic, but at "reading" human behavior. (3) Remarkably, even after Pfungst had unmasked this trick, he was unable to stop generating such cues himself. The "(4) Clever Hans effect" revealed both the *acuity of animal social perception, and the inability of humans to suppress unconscious

30 cues — both highly significant findings.

*Wilhelm von Osten ヴィルヘルム・フォン・オーステン   *veterinarians 獣医
*Oskar Pfungst オスカー・フングスト   *acuity 鋭敏さ

設問1 下線部 (1) の this simple response について、Hans はどのような問題に、どのように答えたのか、本文に基づいて日本語で説明しなさい。

設問2 下線部 (2) の This が指す内容を日本語で具体的に説明しなさい。

設問3 下線部 (3) を、such cues が指す内容を明らかにして、日本語に訳しなさい。

設問4 下線部 (4) の Clever Hans effect とは何か、本文に基づいて日本語で説明しなさい。

1 環境論
2 教育論
3 心理学
4 言語論
5 幸福論
6 心理学
7 社会論
8 国際関係論
9 宇宙論
10 心理学

Read the text and answer **Q1** — **Q4**

A　Popularity is a well-explored subject in social psychology. The latest thinking is parsed* by Mitch Prinstein, a professor and director of clinical psychology at the University of North Carolina at
5　Chapel Hill, in his forthcoming book, "Popular: The Power of Likability in a Status-Obsessed World," and in his currently running free online course.

B　Dr. Prinstein sorts the popular into two categories: the likable and the status seekers. The likables' plays-well-with-others qualities
10　<u>cement</u> schoolyard friendships, boost interpersonal skills and, when <u>cultivated</u> early, are employed ever after in business and even romance. Then there's the kind of popularity that <u>emerges</u> in adolescence* : status born of power and even notorious* behavior.

C　<u>Enviable</u> as the cool kids may have seemed, Dr. Prinstein's
15　studies show negative consequences. Those who were highest in status in high school, as well as those least liked in elementary school, are "most likely to engage in dangerous and risky behavior," like smoking cigarettes and using drugs.

D　In one study, Dr. Prinstein examined the two types of popularity
20　in 235 adolescents, scoring the least liked, the most liked and the highest in status based on student surveys. "We found that the least well-liked teens had become more aggressive over time toward their classmates. But <u>so had those who were high in status</u>. It was a nice

demonstration that while likability can lead to healthy adjustment,
high status has just the opposite effect on us."

E   Dr. Prinstein has also found that the qualities that made the neighbors want you on a play date — sharing, kindness, openness — carry over to later years and make you better able to relate and connect with others. In analyzing his and other research, Dr. Prinstein came to another conclusion: <u>Not only does likability correlate* to positive life outcomes, but it is also responsible, he said, for those outcomes, too.</u> "Being liked creates opportunities for learning and for new kinds of life experiences that help somebody gain an advantage," he told me.

Vocabulary

parsed 分析されている　　　adolescence 思春期
notorious 評判の悪い　　　　correlate 相関関係にある

Q1　Which of the four choices (A) − (D) is the closest in meaning to the words (1) − (4) ?

(1)　cement (in paragraph B)
　　(A)　compensate　　　　(B)　concrete
　　(C)　destroy　　　　　　(D)　ensure

(2)　cultivated (in paragraph B)
　　(A)　forgotten　　　　　(B)　fostered
　　(C)　neglected　　　　　(D)　purchased

(3)　emerges (in paragraph B)
　　(A)　comes out　　　　　(B)　makes out
　　(C)　reaches out　　　　(D)　takes out

(4)　enviable (in paragraph C)
　　(A)　amusing　　　　　　(B)　desirable
　　(C)　exciting　　　　　　(D)　painful

1 環境論
2 教育論
3 心理学
4 言語論
5 幸福論
6 心理学
7 社会論
8 国際関係論
9 宇宙論
10 心理学

Q2 What do you call the two types of popular people according to Dr. Prinstein? Answer in English quoting from paragraph B.

Q3 Select one sentence from (A) − (D) that is the closest in meaning to the underlined part in paragraph D.

(A) The classmates became more aggressive toward those who were high in status, too.

(B) The least well-liked teens became more aggressive toward those who were high in status, too.

(C) Those who were high in status became more aggressive toward their classmates, too.

(D) Those who were high in status became more aggressive toward themselves, too.

Q4 Translate the underlined sentence in paragraph E into Japanese.

制限時間 **20分** ／ **360 words** ／解答：本冊 **p.88**

次の英文を読んで、設問に答えなさい。

International law is a human practice punctuated* by a series of changes that have affected its forms and meanings in a process that has been neither linear* nor one-directional. It has continually stirred up controversies about its existence and its nature, some of which have become long-standing, others outmoded*. International law is comparatively recent law, in that it did not really emerge with the Treaties of Westphalia* of 1648 (even if its historiography* often cites that date) but later, in the eighteenth century when modern Europe was in its heyday*. In this, it is a culture, a European (and more broadly Western) culture, in which law is given an eminent position in the realm of political thought. Ever since the eighteenth century, (1)international law has sought to rule a diverse, plural international society in which resources are unequally shared among states, and populations and individuals are unequally endowed in terms of their wealth, freedom and well-being.

International law was first known as the law of nations before it came to be (2)refer to more frequently as international law in the nineteenth and twentieth centuries. [A] It came into (3)be at the same time as the modern state was being consolidated* in Europe, and its initial purpose was to govern the legal rights and duties of states which were considered to be the only subjects of international law. [B] It was therefore to exclude three-quarters of the planet for

more than two centuries, thereby establishing discrimination among states in terms of their legal standing that is inseparable from its
25 history. [C] Three characteristic features of its historical evolution shall be surveyed here: it was a liberal pluralist system of law made up of a hard core of fundamental rights and duties of states (section I); it authorised* states to resort to war individually as a means of (4) <u>settle</u> disputes (section II); and it was reserved to those states
30 that were considered civilised, so making European colonisation of the rest of the world lawful (section III). [D]

〔注〕punctuate : 何度も中断する　　linear : 直線的な
outmoded : 時代遅れの
Treaties of Westphalia : ウェストファリア条約
historiography : 歴史記述　　heyday : 全盛期
consolidate : 確立する　　authorise : 権限を与える

設問1 下線部(1)を和訳しなさい。

設問2 下線部(2)〜(4)の動詞を最も適切な形に変化させなさい。

設問3 次の文を入れるのに最も適切な個所を本文中の[A]〜[D]のうちから1つ選びなさい。

However, it was to be applied to just a small group of European and American states who regarded themselves as the only ones capable of benefiting from international law.

設問4 下の (a) ～ (d) の英文が本文の内容と一致している場合にはT、一致していない場合にはFを記入しなさい。

(a) Since 1648, international law has not changed at all.

(b) International law was invented after the modern state had been consolidated.

(c) Europe has cultivated a culture in which law occupies a higher status in the area of political thought.

(d) International law prevented European states from establishing their colonies.

制限時間20分／374 words／解答：本冊p.98

次の英文を読み、下記の設問（ **A.** 、 **B.** ）に答えなさい。

Thirty years ago Alan H. Guth, then a young physics researcher at Stanford University, gave a series of seminars in which he introduced "inflation" into the terminology of cosmology — the science of the origin and development of the universe. The term refers to a brief burst of unusually accelerated expansion that, he argued, may have occurred during the first moments after the Big Bang. One of these seminars （　1　） at Harvard University, where I myself was a researcher. I was immediately fascinated by the idea, and I have been thinking about it almost every day （　2　）. Many of my colleagues working in different areas of physics have been similarly interested. （　3　） this day the development and testing of the inflationary theory of the universe is one of the most active and successful areas of scientific investigation.

Its most important purpose is to fill a gap in the original Big Bang theory. The basic idea of the Big Bang is that the universe has been slowly expanding and cooling ever since it began some 13.7 billion years （　4　）. This process of expansion and cooling explains many of the detailed features of the universe seen today, but with a problem: the universe had to start off with certain properties. For instance, it had to be extremely uniform, with only extremely tiny variations in the spreading of matter and energy. Also, the universe had to be geometrically flat, meaning that curves and twists in the fabric of space did not bend the paths of light rays and moving objects.

25　　But why should the early universe have been so uniform and flat? Theoretically, these starting conditions seemed （　5　）. That is where Guth's idea came （　6　）. He argued that even if the universe had started off in total chaos － with a highly changeable spreading of energy and a twisted shape － a spectacular growth speed would

30　have spread out energy until it was evenly scattered, and straightened out any curves and twists in space. When this period of inflation ended, the universe would have continued to expand at the more modest speed of the original Big Bang theory but now with just the right conditions （　7　） stars and galaxies to evolve to the state

35　where we see them today.

設問

A.　本文中の空所（1 〜 7）に入れるのに最も適当なものを、それぞれ下記（a 〜 d）の中から1つ選びなさい。

(1)	a. appeared	b. came out
	c. disappeared	d. took place
(2)	a. always	b. ever
	c. since	d. though
(3)	a. At	b. In
	c. On	d. To
(4)	a. ago	b. once
	c. onward	d. past
(5)	a. likely	b. possibly
	c. probably	d. unlikely
(6)	a. away	b. before
	c. in	d. over

1 環境論
2 教育論
3 心理学
4 言語論
5 幸福論
6 心理学
7 社会論
8 国際関係論
9 宇宙論
10 心理学

(7)   a. at   b. by
       c. for   d. of

B. 次の英文 (a 〜 f) の中から本文の内容と一致するものを2つ選びなさい。ただし、その順序は問いません。

a. Alan H. Guth talked about the relationship between physics and economics.

b. The term "inflation" stands for a sudden expansion of the universe after the Big Bang.

c. Most physicists argue against the theory of inflation of the universe because it does not explain the spreading of matter and energy.

d. The basic Big Bang theory rejects a slow expansion of the universe during the early times.

e. Guth argued that the universe began in chaos, but its extreme rate of expansion resulted in an even distribution of energy and a uniform shape.

f. Stars and galaxies cannot be seen from the earth unless the conditions are right.

制限時間20分／362 words／解答：本冊p.108

次の英文を読んで、下記の問いに答えなさい。

Talking about ourselves — whether in a personal conversation or through social media sites like Facebook and Twitter — triggers the same sensation of pleasure in the brain as food or money, researchers reported Monday.

5 About 40% of everyday speech is devoted to telling others about what we feel or think. Now, through five brain imaging and behavioral experiments, Harvard University neuroscientists have uncovered the reason: It feels so rewarding, at the level of brain cells and synapses, that (1) we can't help sharing our thoughts.

10 "Self-disclosure is extra rewarding," said Harvard neuroscientist Diana Tamir, who conducted the experiments with her colleague. "People were even willing to (2) forgo money in order to talk about themselves," Ms. Tamir said.

To assess people's inclination for what the researchers call "self-
15 disclosure," they conducted laboratory tests to see whether people placed an unusually high value on the opportunity to share their thoughts and feelings. They also monitored brain activity among some volunteers to see what parts of the brain were most excited when people talked about themselves as opposed to other people.
20 The dozens of volunteers were mostly Americans who lived near the university.

In several tests, they offered the volunteers money if they chose to answer questions about other people, such as President Obama, rather than about themselves, paying out on a *sliding scale of up to four cents. Questions involved casual matters such as whether someone enjoyed snowboarding or liked mushrooms on a pizza. Other queries involved personality traits, such as intelligence, curiosity or aggression.

Despite (3)the financial incentive, people often preferred to talk about themselves and willingly gave up between 17% and 25% of their potential earnings so they could reveal personal information.

In related tests, the scientists used a *functional magnetic resonance imaging scanner, which tracks changes in blood flow between neurons associated with mental activity, to see what parts of the brain responded most strongly when people talked about their own beliefs and options, rather than speculating about other people.

Generally, acts of self-disclosure were accompanied by *spurts of heightened activity in brain regions belonging to the *meso-limbic dopamine system, which is associated with the sense of reward and satisfaction from food or money.

注：sliding scale スライド制
functional magnetic resonance imaging scanner 機能的磁気共鳴画像装置
spurt 噴出
meso-limbic dopamine system 中脳辺縁系ドーパミン経路

1 環境論
2 教育論
3 心理学
4 言語論
5 幸福論
6 心理学
7 社会論
8 国際関係論
9 宇宙論
10 心理学

〔1〕 下線部（1）のように考える理由は何か、40字以内（句読点を含む）の日本語で書きなさい。

〔2〕 下線部（2）の意味に最も近い語句を次の1～4から1つ選び、番号で答えなさい。

1. do without
2. pay out
3. hand over
4. give away

〔3〕 下線部（3）は具体的にどういうことを指しているのか、30字以内（句読点を含む）の日本語で書きなさい。

〔4〕 以下の文は、本文で述べられている "self-disclosure" を説明したものです。空欄A、Bに入れるのに最も適切な連続した3語を、それぞれ本文中から抜き出して書きなさい。ただしAは最初の3パラグラフ、Bは最後の3パラグラフから抜き出すこと。

According to the text, "self-disclosure" means that people (A), which leads to similar feelings of (B) that they feel when they get money and food.

大学入試

レベル別
英語長文問題
Solution
ソリューション

2 ハイレベル

スタディサプリ
英語講師
肘井 学
Gaku Hijii

かんき出版

　"新時代の英語長文集を作ること"、これが本シリーズの最大のテーマです。新しい時代の象徴ともいえる共通テストでは、リーディングとリスニングの配点が同じになります。これが意味しているところは、**従来よりもリスニングが重要視される**ということです。したがって、リーディングだけに偏(かたよ)った勉強をしてはいけません。本シリーズでは、**リーディングと同時に、リスニング力も必ず高められる構成**にしました。

　100語程度では、文章の起承転結がつかめません。一方で、700語程度まで行くと、長すぎて音読するには不適切な語数になってしまいます。本シリーズでは、**音読に最適な200〜300前後の語数の長文を揃(そろ)えることを徹底**しました。

　同時に、"**本書で訓練をつめば、誰でもリーディングが必ず得意になる**"というテーマも大切にしました。

　自分自身はもとより、今まで教えてきた何万人という生徒が証明してくれています。英語力を高める最短にして、最も効率の良い学習方法は、やはり"音読"です。本書では、音読用白文を解説に用意したので、大問1つ終えるごとに、必ず10回音読をしてください。音声ダウンロード付きなので、音声の後に続けて音読することで、同時に**リスニング力も身に付きます。**

　本シリーズの英文を何度も音読することで、リーディングとリスニングは必ず得意になります。1講ごとの"**音読10回**"、単語の暗記、これをしっかりやることで、**自分の人生を自らの手で変えてみてください。**

肘井　学

目　次

4

背景知識が広がるコラム

本シリーズの特長

特長その❶　4種類のポイントで万全の英語力が身に付く！

　本書では、一文一文の理解に役立つ 構文POINT 、文と文のつながりを見抜く 論理POINT 、問題の解き方がわかる 解法POINT 、語彙の本質に強くなる 語彙POINT と、4種類のPOINTで体系化してあらゆる角度から英語力を向上させていきます（p.8〜p.9参照）。

特長その❷　文構造がひと目でわかる構文図解付き！

　構文図解で、**SVOCM**の記号を使って、解釈の手助けをします。必要に応じて、▲マークで、**細かい文法事項もメモを入れており、独学でも疑問を残しません**。これと全訳を照らし合わせて、問題を解き終わった後に、**一文一文丁寧に構文把握**をします。

特長その❸　音読用白文・リスニング強化の音声ダウンロード付き！

　音読用の白文を掲載しています。**音声ダウンロード**を利用して、音声の後に英文の音読を続けて、**リスニング強化・正確な発音習得**にも役立ててください。問題を解く ⇒ 解説を読む ⇒ 構文把握する ⇒ 単語を覚えた後の**音読10回を必ず行ってください**。

特長その❹　単語帳代わりになる語彙リスト付き！

　本書では、本文訳の下に**語彙リスト**を掲載しています。必ず、**出てきた単語をその場で覚えて**ください。

特長その❺　背景知識が広がるコラム付き！

　背景知識としてあると、**英文を読むのが非常に楽になる**ものを、コラムで紹介しています。自由英作文にはもちろん、他科目にも有効な一生モノの知識が詰まっています。**すべての英文に、背景知識が広がるコラム**を設けました。

特長その❻　最新のテーマと普遍的なテーマをバランスよく厳選！

　時代を反映した最新の頻出テーマである「**プラスチックゴミのもたらす弊害**」・「**国際法の目的**」・「**宇宙進化論**」などから、「**夢をあきらめないで**」や「**好感度のメリット**」など、時代を問わずに通用する普遍的なテーマをバランスよくそろえました。将来の教養として、興味深い題材がそろっています。

特長その❼　国公立・私立と文系・理系のバランスのとれた題材！

　志望大学に左右されない確かな英語力を養うために、出典を**国公立大学と私立大学からバランスよく選びました**。同時に、**文系と理系の両方に精通できる**ように、バランス良く英文をそろえています。

特長その❽　マーク式・記述式の豊富な問題形式・良問揃いの構成！

　どの形式でも対応できる英語力を付けるために、**マーク式と記述式の問題をバランスよく配置**しました。さらに、実際の入試問題から、**悪問や奇問を外して、良問をそろえました**。

特長その❾　音読に最適な 300 語前後の英文を厳選！

　本書で推奨する**音読 10 回**を必ずやり遂げるために、**音読に最適な 300 語前後の英文をそろえました**。100 語前後だと、文章として起承転結がなくなることや、700 語前後では長すぎて音読には適していないので、新時代の英語長文集として、音読がしやすい語数で英文をそろえました。

4種類のPOINT

構文 POINT

論理 POINT

本シリーズの使い方

① 問題を解く

各問題には、制限時間を設けています。それを参考に、**1題15分〜20分程度**で、本番を想定して問題を解きます。

↓

② 解答・解説を見て答え合わせをする

悪問・奇問の類は外しています。**4つのポイント**を中心に解説を読み進めてください。**解答の根拠となる部分は太字で示しています。**

↓

③ 英文全体の構文把握や意味を理解する

構文図解と全訳を参考にして、全文を理解します。**主語と動詞の把握、修飾語のカタマリと役割を把握**して、**全文の構文**を取っていきます。

↓

④ 知らない単語を必ず覚える

語彙リストを利用して、**英語・日本語セットで3回書いて、10回唱えて**ください。単語学習のコツは、何度も繰り返すことです。

↓

⑤ 音声を聞きながら、後に続けて音読を10回する

音声を、右ページを参考にダウンロードして、**音声を流した後に、テキストを見ながら10回音読**をします。句や節といった意味の切れ目を意識して、音読してください。10回目に近付くにつれて、**英語を英語のまま理解できる、いわゆる英語脳に近付く**ことができます。

本シリーズのレベル設定

　本シリーズは、現状の学力に見合った学習を促すために、下記の表のように、細かいレベル分けをしています。

スタンダードレベル	日本大、東洋大、駒沢大、専修大や、京都産業大、近畿大、甲南大、龍谷大などを代表とした私立大学を目指す人、共通テストでの平均点以上や地方国公立大を目指す人。
ハイレベル	学習院大、明治大、青山学院大、立教大、中央大、法政大や、関西大、関西学院大、同志社大、立命館大などの難関私大を目指す人。共通テストでの高得点や上位国公立大を目指す人。
トップレベル	早稲田大、慶応大、上智大、東京理科大などの最難関私大を目指す人。共通テストで満点や、北大、東北大、東京大、名古屋大、京都大、大阪大、九州大などの難関国公立大を目指す人。

難易度のレベルには変動があり、あくまでも目安です。

音声ダウンロードの方法

ヘッドフォンマークの中の番号は音声ファイル内のトラック番号です。以下の手順でダウンロードしてお使いください。

1　パソコンかスマートフォンで、右のQRコードを読み取るか
　　https://audiobook.jp/exchange/kanki
　　にアクセスしてください。

2　表示されたページから、audiobook.jpへの会員登録（無料）ページに進みます。すでにアカウントをお持ちの方はログインしてください。

3　会員登録後、1のページに再度アクセスし、シリアルコード入力欄に「30130」を入力して送信してください。もし、1のページがわからなくなってしまったら、一度audiobook.jpのページを閉じ、再度手順1からやり直してください。

4　「ライブラリに追加」をクリックします。

5　スマートフォンの場合は「audiobook.jp」をインストールしてご利用ください。パソコンの場合は「ライブラリ」から音声ファイルをダウンロードしてご利用ください。

※音声ダウンロードについてのお問合せ先：info@febe.jp（受付時間：平日10時〜20時）

● 句と節について

　句と節とは、両方とも**意味のカタマリ**と思ってくれれば大丈夫です。例えば、When he woke up, the class was over. では、When he woke upまでが1つの意味のカタマリで、そこにhe woke upという**SVの文構造がある**と、**節**といいます。かつWhen he woke upはwasを修飾する副詞の働きをしているので、**副詞節**といいます。

　それから、I like to read comics. という文では、to read comicsが「漫画を読むこと」という意味のカタマリを作っており、そこに**SVがないので**、**句**といいます。かつto read comicsは「漫画を読むこと」という名詞のカタマリなので、**名詞句**といいます。

　節は、**名詞節・形容詞節・副詞節**、句は**名詞句・形容詞句・副詞句**と、意味のカタマリで分類すると、6種類の意味のカタマリがあります。

● カッコについて

　名詞のカタマリ（名詞句・名詞節）は＜　　＞で表します。**形容詞のカタマリ（形容詞句・形容詞節）は（　　）で表し、前の名詞を修飾します**。**副詞のカタマリ（副詞句・副詞節）は［　　］で表し、動詞を修飾します**。

● 文の要素について

　英文の各パーツを理解するために、**S（主語）**、**V（動詞）**、**O（目的語）**、**C（補語）**、そして**M（修飾語）**という5つの記号で、文の要素として振り分けます。無理にこの5つに当てはめないほうがいい場合は、何も記号を振りません。

　Sは、I go to school. のIのような**日本語の「〜は・が」に当たる部分**です。**V**は、goのような**日本語の「〜する」に当たる部分**です。**O**はI like soccer. のsoccerのような**動詞の目的語**などのことです。**C**は、I am a teacher. のa teacherのように、**主語やときに目的語の補足説明をする記号**です。

● 品詞について

　名詞・形容詞・副詞・前置詞が役割をおさえるべき主要な品詞です。**名詞**は、I like soccer.のように、Iという名詞が**文のS**になったり、soccerという名詞が**文のO**になったり、I am a teacher.のa teacherのように**C**になります。**名詞は文のS・O・C**のいずれかになります。

　形容詞は、a cute girlのcuteのように**名詞を修飾**するか、He is old.のoldのように**補語**になります。**形容詞は、名詞を修飾するか文の補語になる**かのいずれかです。

　副詞は、very goodのveryのようにうしろの**副詞や形容詞を修飾**します。You can see the world clearly.のclearlyのように「はっきりと見える」と**動詞を修飾**したり、Clearly, you need to exercise.のClearlyのように「明らかに、あなたは運動する必要がある」と、**文を修飾**したりします。**副詞は名詞以外の形容詞・副詞・動詞・文を修飾**します。

　前置詞は、The train for Osaka will arrive at nine.のforのように、for Osaka「大阪行きの」という**形容詞のカタマリ**を作って前の**名詞The train**を修飾するか、atのようにat nine「9時に」という**副詞のカタマリ**を作って**動詞arrive**を修飾します。**前置詞は形容詞のカタマリと副詞のカタマリ**を作ります。

● 具体と抽象について

　抽象とは、簡単に言うと、**まとめ・まとまり**のことです。それを、**具体例を**用いて説明していくのが、英語の最もよくある論理展開です。例えば、

「彼は、**複数の言語を話す**ことができる」

「例えば、**日本語・英語・中国語**など」

　上の例では、「**（彼の話すことのできる）複数の言語**」が**抽象表現**で、「**日本語・英語・中国語**」が**具体例**です。このつながりが見えてくると、英語長文の理解がグンと深まります。

● 因果関係について

　因果関係とは、**原因と結果の関係**のことです。英語の世界では、**こういった原因から、この結果が生まれた**という因果関係をとても重要視します。例えば、「昨日とても夜遅くに寝た」という原因から、「今日はとても眠い」という結果が生まれます。

● 関係詞

　関係代名詞（which, who, that, what）と**関係副詞**（when, where, why, how）があります。基本は、**形容詞のカタマリを作って前の名詞を説明する働き**があります。例えば、

This is the book **which I like the best**.

「これは私が一番好きな本です」

のように、the book に which 以下で説明を加えています。

● 不定詞

　to ＋ 動詞の原形を**不定詞**といいます。S・O・Cで使う**名詞的用法**「**～すること**」、名詞を修飾する**形容詞的用法**「**～する（ための）**」、動詞を修飾する**副詞的用法**「**～するために**」があります。例えば、

I want something hot **to drink**.

「温かい飲み物がほしい」

の **to drink** が**不定詞の形容詞的用法**で、something hot「温かいもの」を
修飾しています。

● 分詞と分詞構文

分詞には、**現在分詞**（doing）と**過去分詞**（done）があります。**形容詞として
使用**すると、the window **broken** by the boy「その少年が割った窓」のよ
うに、**名詞の後ろにおいて説明を加えます。**

一方で、**分詞を副詞として使用**すると、**分詞構文**になります。全部で3パ
ターンあり、① Doing (Done) ~, SV.、② S, doing (done) ~, V.、③ SV
~, doing (done) .... です。例えば、
Seeing the policeman, the man ran away.
「警官を見ると、その男は逃げ去った」
の Seeing ~ が分詞構文で、「~すると」と接続詞を補って訳します。

プラスチックゴミのもたらす弊害

別冊p.2／制限時間20分／**316 words**

📖**解答**

1. （1−A）**c** （1−B）**a** （1−C）**d** （1−D）**b** （1−E）**a**

2. （2−A）**a** （2−B）**e** （2−C）**b**

3. **d** **4.** **b** **5.** **b**

📖**解説**

1. （1−A）

論理 POINT ❶ from A to Bは具体例の目印

　from A to B「AからBまで」の表現で、**具体例**を示すときに使用することがあります。

　最初の空所の後ろはlife-saving medical devices「**救命医療機器**」、2番目の空所の後ろthe lightweight materials used in ～ shopping bags「**買い物袋などに使用する軽い素材**」から、**現代の生活に使用されるプラスチックの例**と気付く。そこから、具体例を示すfrom A to Bの**c**が正解。

1. （1−B）
　a．数字　　b．廃棄物　　c．疫病　　d．減少
　空所を含めた箇所「2017年のその数字を算出した科学者を動揺させた（　　　）」と前の「63億トンの廃棄物が再利用されていない」がダッシュ（—）で結ばれた同格関係（イコールの関係）から、**63億トン＝動揺させた数字**となるので**a**が正解。

1. （1−C）
　a．たとえ～でも　　b．～したらどうなるか
　c．すなわち　　　　d．想像する

空所が含まれている文のJambeck saidは挿入的に使用されており、SVの文構造がないので、SVが必要となる接続詞のaやbは不適。dのImagineを使って、five 〜 trashがO、sitting以下をCとすると、**imagine O C「OがCであるのを想像する」**が成り立つ。文頭で命令文を作っている。

---

1. （1−D）

a. 覆う　　b. 〜に相当する　　c. 削減する　　d. 見積もる

空所が含まれている文の主語はThatで、前文の「プラスチックゴミで詰まった5つのプラスチック製の買い物袋が、世界中の海岸線に延々と捨てられていること」を意味している。空所の後ろの「毎年およそ880万トンのプラスチックゴミ」と**イコールの関係を作る**ので、bの**correspond to「〜に相当する」**が正解。

---

1. （1−E）

a. 及ぶ　　b. 建てる　　c. 苦しむ　　d. 考えられている

空所の前後を確認すると、「見積もると、450年から何年たっても分解されない状態にまで（　　　）」なので、aを使って、**range from A to B「（範囲が）AからBにまで及ぶ」**が正解。

---

2. （2−A）

For all the convenience it provides（b−d−a−c−f−e）

for all「〜にもかかわらず」の譲歩の意味を作る表現。convenienceとitの間には関係代名詞の省略が起きている。**名詞・SVの語順と目的語が欠ける**のが関係代名詞の省略が起きる特徴。

---

2. （2−B）

It's unclear how much unrecycled plastic waste ends up in the ocean（d−h−e−g−f−b−a−c）

形式主語の it で代用できるもの

(1) **It** is no use **crying over spilt milk**.
　　訳 覆水盆に返らず。
(2) **It** is doubtful **whether he will pass the examination**.
　　訳 彼がその試験に合格できるかどうかは疑わしい。

　形式主語の it は、不定詞や that 節のほかに**名詞のカタマリを作るものを代用できる**ことに注意しましょう。不定詞の名詞的用法、that 節のほかに、(1)のような**動名詞のカタマリ**、(2)のような **whether や疑問詞**の代用も可能です。(1)は有名なことわざで、it が crying 以下を指し、「こぼれたミルクの上で泣いても意味がない」＝「覆水盆に返らず」になります。(2)は、it が whether 以下を指します。

　形式主語の it は、本問の how much のような**疑問詞も代用できる**ことに注意する。**end up**「**最終的に～に終わる**」の表現。

....

2. （2−C）

ocean plastic is estimated to kill millions of marine animals
(c−a−b−h−d−g−f−e)

be estimated to do「**～すると推定される**」の表現。

....

3.

a. 欠点　　b. 必要性　　c. 疑問　　d. 問題

plague が、**disaster** と同義の「**災い**」という意味で本文では使用されているので、**d** が正解。

....

4.

a. 構成分子　　　　　　　　　　b. マイクロプラスチック
c. 完全に分解されたプラスチック　　d. 再利用されたプラスチック

下線(4)は、「5分の1インチより小さい破片」の意味で、**前にあるカンマで同格の関係**で microplastics を説明するので、**b** が正解。

....

5.

　第2段落であがっている数字を整理すると、第2文・第3文に**前世紀に産出されたプラスチックが 9.2 billion tons、そのうち 6.9 billion tons が廃棄物**で、そのうち **6.3 billion tons が再利用されていない**の3

点が書かれている。グラフの a は前世紀のプラスチックと廃棄物を別々に表しており、9.2 billion tons の内訳が 6.9 billion tons であることを反映しておらず不適。

　b は左側のグラフで、**グラフの全体が前世紀のプラスチック量の 9.2 billion tons で、そのうち waste が 6.9 billion tons を占めている**ことを表す。右のグラフが **waste の 6.9 billion tons のうち、6.3 billion tons が Unrecycled plastic が占める内訳**なので、上記の一連の数字をしっかりと反映しており正解。

　c、d は上記の数字を反映していないので不適。

1 環境論
2 教育論
3 心理学
4 言語論
5 幸福論
6 心理学
7 社会論
8 国際関係論
9 宇宙論
10 心理学

We depend on plastic. Now we're drowning [in it].
　S　　V　　　O　　　　M　S　　　V　　　　M

　　It's hard [to imagine now], but a little [over a century ago], hardly
　　S V　C　　不定詞副詞的用法　M　　　　　M　　　　　　　M　　　　　　S

anyone knew <what plastic was>. Today plastic is everywhere, and
　　V　　　　　O　　　　　M　　S　　V　　　M

it makes modern life possible, (from life-saving medical devices to
S　V　　　O　　　C　　from A to B「AからBまで」　M

the lightweight materials used in our cars, computers, phones,
　　　　　　　　　　　　過去分詞の名詞修飾

spaceships, shopping bags, and on and on).

　　[For all the convenience it provides], plastic has become a plague
　　　　M　　　　　　関係詞の省略　　　　S　　　V　　　C

(on the environment — particularly our oceans, Earth's last drainage
　　　　　　　　M

sinks). [Of the 9.2 billion tons of plastic produced during the past
　　　　　　　M　　　　　　　　過去分詞の名詞修飾

century], [most of it since the 1960s], more than 6.9 billion tons have
　　　　　　　　　M　　　　　　　　　　S　　　　　　　　V

become waste. And [of that waste], a staggering 6.3 billion tons have
　　C　　　　　M　　　　　　S　　　　　　　V

never been recycled — a figure that stunned scientists who crunched
　　　　　　　　　　　　　S'　関係代名詞のthat　　　　関係代名詞

the numbers in 2017.

　　It's unclear <how much unrecycled plastic waste ends up in the
　　S V　C　　　　　　　S'

ocean>. [In 2015], Jenna Jambeck, a University of Georgia engineering
　　　　　M　　　S　　　　　S'

professor, caught everyone's attention [with a rough estimate]: [5.3
　　　　　V　　　　O　　　　　M　　from A to Bのfromが省略

million to 14 million tons of plastic each year], [just from coastal
　　　　　　　M　　　　　　　　　　　　　M

regions]. Most (of it) is dumped carelessly [on land] or [in rivers],
　　　　　S　M　　V　　　M　　　M　　　M

[mostly in Asia]. Then, Jambeck said, <it's blown or washed into the
　　M　　　　M　　S　　V　　　O

sea>.

20

私たちはプラスチックに依存している。そしてその中でおぼれかけている。

　今となっては想像することが難しいが、ほんの１世紀前には、ほぼ誰もプラスチックが何であるかがわからなかった。今日ではプラスチックは至る所にあり、そのおかげで現代の暮らしが成り立っている。救命医療機器から車、コンピューター、電話、宇宙船、買い物袋などで使用する軽い素材に至るまで、プラスチックは使用されている。

　それがもたらす利便性にもかかわらず、プラスチックは環境、特に地球の最後の排水溝である海に対して、災いの元となっている。前世紀に産み出された92億トンのプラスチックのうち、1960年代以降のそのほとんどになる69億トンを超える量が廃棄物となっている。そしてその廃棄物の中で、驚異的な数字だが63億トンがまったく再利用されていないのだ。2017年にその数字を算出した科学者を動揺させた。

　リサイクルされないプラスチックが最終的に海に行く量がどれほどかは、はっきりわかっていない。2015年に、ジョージア大学の工学部の教授であるジェンナ・ジャムベックが、ある概算でみんなの関心を集めた。海岸地域からだけで、毎年530万から1400万トンのプラスチックゴミが生まれる。そのほとんどが、ほぼアジアの陸地や川で不用意に捨てられる。そして、それが海に運ばれて流されていく、とジャムベックは言う。

☐ depend on	熟 ～に依存する	☐ convenience	名 利便性
☐ drown	動 おぼれ死ぬ	☐ provide	動 提供する
☐ hardly	副 ほとんど～ない	☐ plague	名 疫病、災い
☐ everywhere	副 至る所に	☐ environment	名 環境
☐ modern	形 現代の	☐ particularly	副 特に
☐ medical	形 医療の	☐ drainage	名 排水
☐ device	名 機器	☐ waste	名 廃棄物
☐ lightweight	形 軽量の	☐ recycle	動 再利用する
☐ material	名 素材	☐ figure	名 数字
☐ spaceship	名 宇宙船	☐ end up	熟 最終的に～になる
☐ shopping bag	名 買い物袋	☐ engineering	形 工学の
☐ on and on	熟 続けて	☐ attention	名 関心
☐ for all	熟 ～にもかかわらず	☐ estimate	名 概算

▶ 単語10回CHECK　**1**　**2**　**3**　**4**　**5**　**6**　**7**　**8**　**9**　**10**

Imagine five plastic grocery bags stuffed with plastic trash,
　　　　　　O　　　　　　　　　　過去分詞の名詞修飾

Jambeck said, sitting on every foot of coastline around the world. That
S　　V　　imagine O C「OがCするのを想像する」のC　　　　　　　　　S

would correspond to about 8.8 million tons (of plastic trash) [each
　　V　　　　　　　　　　　　　　O　　　　　　　M　　　　　　M

year]. It's unclear <how long it will take for that plastic to completely
M　　　　S V　　C　　　It takes 時間 for ~ to do.「~が…するのに時間がかかる」の構文

biodegrade into its constituent molecules>. Estimates range [from
　　　　　　　　　S′　　　　　　　　　　　S　　　　V　from A to B
450 years to never].　　　　　　　　　　　　　　　　　　　「AからBまで」
　　　　M

　　Meanwhile, ocean plastic is estimated [to kill millions of marine
　　　M　　　　　S　　　　V　　　　　　M

animals every year]. Nearly 700 species, (including endangered
　　　　　　　　　　　　　　S　　　　　　「~を含んで」　　M

ones), have been affected [by it]. Some are strangled [by abandoned
　　　V　　　　　　　　M　　　S　　V　　　　　M

fishing nets or discarded six-pack rings]. Many more are probably
　　　　　　　　　　　　　　　　　　　　S　　　　V

harmed invisibly. Marine species (of all sizes), (from zooplankton to
　　M　　　　　　　S　　　　M　　　from A to B「AからBまで」

whales), now eat microplastics, [the bits smaller than one-fifth of an
　M　　　M　V　　O　　　同格のカンマ「すなわち」　　　　M

inch across].

1
環境論

2
教育論

3
心理学

4
言語論

5
幸福論

6
心理学

7
社会論

8
国際関係論

9
宇宙論

10
心理学

/////// 本 文 訳 ///////

　　プラスチックゴミで詰まった5つのプラスチック製の買い物袋が、世界中の海岸線に延々と捨てられていることを想像してみなさいと、ジャムベックは言った。それは毎年およそ880万トンのプラスチックゴミに相当するだろう。そのプラスチックが完全に分解されてその構成分子になるのにどれほどかかるかは明らかではない。ざっと見積もると、450年から永久にそうならない場合もある。

　　一方で、海にあるプラスチックは、毎年何百万の海洋生物を殺してしまうと予測されている。絶滅危惧種も含めてほぼ700の種が、それによって影響を受けている。一部の種は、廃棄された漁網や捨てられた6個入りパック包装容器で窒息してしまう。そしてずっと多くの種が見えないところで、おそらく害を受けている。動物プランクトンからクジラに至るまで、あらゆる大きさの海洋生物が現在マイクロプラスチックを食べていて、それは直径5分の1インチにも満たない破片なのだ。

/////// 語 彙 リ ス ト ///////

☐ grocery	名 食品雑貨（店）	☐ include	動 含む
☐ stuff	動 詰める	☐ endanger	動 絶滅させる
☐ trash	名 ゴミ	☐ affect	動 影響する
☐ coastline	名 海岸線	☐ strangle	動 窒息させる
☐ correspond to	熟 ～に相当する	☐ abandon	動 捨てる
☐ completely	副 完全に	☐ discard	動 捨てる
☐ biodegrade	動 分解する	☐ probably	副 おそらく
☐ constituent	形 構成する	☐ harm	動 害する
☐ from A to B	熟 AからBまで	☐ invisibly	副 見えずに
☐ molecule	名 分子	☐ marine	形 海洋の
☐ range	動 及ぶ	☐ species	名 種
☐ meanwhile	副 一方で	☐ bit	名 破片
☐ nearly	副 ほぼ		

▶単語10回CHECK 1 ☐ 2 ☐ 3 ☐ 4 ☐ 5 ☐ 6 ☐ 7 ☐ 8 ☐ 9 ☐ 10 ☐

We depend on plastic. Now we're drowning in it.

It's hard to imagine now, but a little over a century ago, hardly anyone knew what plastic was. Today plastic is everywhere, and it makes modern life possible, from life-saving medical devices to the lightweight materials used in our cars, computers, phones, spaceships, shopping bags, and on and on.

For all the convenience it provides, plastic has become a plague on the environment — particularly our oceans, Earth's last drainage sinks. Of the 9.2 billion tons of plastic produced during the past century, most of it since the 1960s, more than 6.9 billion tons have become waste. And of that waste, a staggering 6.3 billion tons have never been recycled — a figure that stunned scientists who crunched the numbers in 2017.

It's unclear how much unrecycled plastic waste ends up in the ocean. In 2015, Jenna Jambeck, a University of Georgia engineering professor, caught everyone's attention with a rough estimate: 5.3 million to 14 million tons of plastic each year, just from coastal regions. Most of it is dumped carelessly on land or in rivers, mostly in Asia. Then, Jambeck said, it's blown or washed into the sea.

Imagine five plastic grocery bags stuffed with plastic trash, Jambeck said, sitting on every foot of coastline around the world. That would correspond to about 8.8 million tons of plastic trash each year. It's unclear how long it will take for that plastic to completely biodegrade into its constituent molecules. Estimates range from 450 years to never.

Meanwhile, ocean plastic is estimated to kill millions of marine animals every year. Nearly 700 species, including endangered ones, have been affected by it. Some are strangled by abandoned fishing nets or discarded six-pack rings. Many more are probably harmed invisibly. Marine species of all sizes, from zooplankton to whales, now eat microplastics, the bits smaller than one-fifth of an inch across.

▶ 10回音読CHECK 1 2 3 4 5 6 7 8 9 10

海洋プラスチックゴミの問題

　地球温暖化と並んで、海洋プラスチックゴミの問題は、世界的に大きな問題となっています。大学受験英語の世界でも、本問のように**Reading**の題材や、自由英作文の**Writing**の題材になっています。例えば、フィリピンの海岸に打ち上げられたクジラの胃から**40kg**ものビニール袋が出てきたという報告や、日本でも、ウミガメが鼻にストローを詰まらせて苦しむショッキングな映像もありました。クジラは、ビニール袋が胃の中で消化されないために、魚などのエサが食べられなくなり餓死してしまいます。またプラスチック製の袋や網が体に絡んで、イルカなどが死んでしまう例も報告されています。

　特に問題となっているのが、本文にもあるように、プラスチックゴミが破片となった**マイクロプラスチック**です。魚の体内から大量に見つかっており、食物連鎖を通じて、魚を食べる人間の体内にも有害なプラスチックゴミが蓄積されているという懸念も広がっています。本文にあるように、毎年ジャンボジェット機**5万機分**の**800万トン**のプラスチックゴミが海に流れ出てしまっています。このままでは、**2050年**の海には、魚よりゴミのほうが多くなるとも言われています。その問題に対して、いかなる取り組みが進んでいるのでしょうか。

　まずは、スーパーでのレジ袋を削減する取り組みが世界各国で進んでいます。エコバッグと呼ばれるマイバッグを持参することで、スーパーでのレジ袋は不要になります。これを私たち1人ひとりが取り組むだけでも、劇的にプラスチックゴミを減らすことができます。コンビニでも、ジュースやチョコレートを買う程度なら、レジ袋を断り、手で持つかカバンに入れるか、ポケットに入れるだけでよいのです。そして、飲み物を飲む際にストローの使用を控えましょう。直接飲み物を口に入れるだけで、世界の環境を守り、ひいては私達自身を守ることにもつながるのです。

　まずは、プラスチックゴミの問題の深刻さを理解することが大切です。そして、その問題に対処するために上にあげた小さな一歩を踏み出してください。その一歩が、環境、海、海洋生物を守ることから、ひいては私たち人間自身を守ることにもつながるのです。

1 環境論
2 教育論
3 心理学
4 言語論
5 幸福論
6 心理学
7 社会論
8 国際関係論
9 宇宙論
10 心理学

教育論

夢をあきらめないで

別冊 p.6 ／制限時間 20分／ 271 words

解答

問1 そのとき、あなたの答えは、本当に幸せを感じられるものだけに導かれていた。

問2 夢をあきらめて、生活のために本当に好きなことをやるのが現実的ではないと受け入れ始める妥協の道のこと。

問3 学校に戻って、素晴らしい若者の集団を教えて成長させること。

問4 私はあなたに、今やっていることをできることで、なんて自分は幸運なのだと思いながら毎朝目覚めるような感情を、経験してもらいたい。

解説

問1

構文図解

Your answers then were guided simply [by what you thought
　　S　　　　　　　M　　　　V　　　　　　M　　　　　what の連鎖関係詞
would make you really happy].

　whatから「～こと」の名詞節が始まる。what **you thought** would make ～が連鎖関係詞で、what would make you really happy「あなたを本当に幸せにするであろうこと」と you thought に分けて考える。後ろから順に訳して「自分が本当に幸せになれるとあなたが思うもの」と訳す。

構文 POINT ❷ 連鎖関係詞

　通常、**関係詞の後ろにSVVの並びが続いて、後ろのVに対するS が欠けている構造のこと**です。訳出が難しくなるので注意しましょう。
（例文1）

I saw **a man who I thought was your brother**.

訳 あなたの兄と思った人に出会った。

　元々 I saw a man. と I thought（that）the man was your brother. を who でつないだ表現です。それにより後続の the man が消えて、I thought was your brother という表現になります。後ろから順に訳して、「あなたの兄だと私が思った人」となります。
（例文2）

I will always do **what I think is right**.

訳 私は常に自分が正しいと思うことをする。

　what is right「正しいこと」と I think に分けて考えて、後ろから訳すと「正しいと私が思うこと」となります。ここでも I think is のように**SVVの並びが連鎖関係詞の特徴**です。

問2

　下線部(2) the path of compromise「妥協の道」を説明しなさいということなので、まずは**何を妥協するのか**ということを明らかにする。**第2段落最終文「生活のために本当に好きなことをするのが現実的ではないと受け入れ始める」**妥協のことを指すとわかる。

問3

解法 POINT ❶ 指示語問題

　this は基本直前の内容を指すと考えてください。本問でも、前文の「学校に戻って、素晴らしい若者の世代を教えて育てること」を指します。下線部(3)を含む文は、「私は長い間**これ**が可能だとはわからなかった」から、『これ』は作者が長い間可能だとわからなかったものを指すので、前文の内容で正しいことがわかります。

1 環境論
2 教育論
3 心理学
4 言語論
5 幸福論
6 心理学
7 社会論
8 国際関係論
9 宇宙論
10 心理学

構文図解

I want you to be able to experience that feeling — to wake up
S　V　　O　to do　　　　　　　　　　　　　　不定詞 形容詞的用法 同格

every morning thinking how lucky you are to be doing what
　　　　　　　　分詞構文「～しながら」　　　不定詞 副詞的用法 感情の原因

you're doing.

　まずは、**want O to do「Oに～してもらいたい」**の骨格をつかむ。続いて、ダッシュは同格「すなわち」の意味で、that feelingを後ろでハイライトを当てて説明する働き。**to wake up以下が、不定詞の形容詞的用法**。

構文 POINT ❸ 文尾の分詞構文

　分詞構文は、現在分詞や過去分詞を使った構文です。位置が3パターンあり、**文頭に置かれるパターン(Doing ～, SV.)、文中に置かれるパターン(S, doing ～, V.)、文尾に置かれるパターン(SV, doing ～.)**があります。ここでは文尾に置かれるパターンを紹介します。

　(例文1)

　He studied very hard, **becoming a doctor**.

　🈯 彼は一生懸命勉強して、医者になった。

　He studiedでSV、カンマを挟んでbecoming ～と続きます。**SV, doing ～.の型**に当てはまります。この場合は、「そして～」と接続しますが、日本語に訳さないほうがきれいな訳になることが多いです。

　(例文2)

　I took a walk with my daughter yesterday, **singing together**.

　🈯 私は昨日娘と一緒に歌いながら、散歩をしていた。

　SV, doing ～.の型に当てはまり、分詞構文です。この場合は、「～しながら」と訳しましょう。**文尾に分詞構文がきたら、「そして～」か「～しながら」**の2つの訳をおさえておきましょう。

下線部(4)は、thinkingから分詞構文で、「考え**ながら**」と訳す。how lucky you are to be 〜．は**疑問詞のhow lucky 〜「〜はどれほど幸運か」の名詞節**を作り、luckyが元々 are と to の間にあった表現。**to be は不定詞の副詞的用法の感情の原因「〜して」**の意味。

 構文図解

you are **lucky** to be 〜 .
⬇
how **lucky** you are to be 〜 .

---

1 環境論

2 教育論

3 心理学

4 言語論

5 幸福論

6 心理学

7 社会論

8 国際関係論

9 宇宙論

10 心理学

[When you were ten years old and someone asked you what you
　　　　　　　　　　　　　　　　　　　　M
wanted to be when you grew up], anything seemed possible.
　　　　　　　　　　　　　　　　　　　S　　　V　　　C
Astronaut. Archaeologist. Fireman. Baseball player. The first female

president of the United States. Your answers then were guided
　　　　　　　　　　　　　　　　　　S　　　　　M　　　　V
simply [by what you thought would make you really happy]. There
　M　　　　what の連鎖関係詞　　　　　　　　　　M　　　　　　　　　M
were no limits.
　V　　　S

　　There are a determined few (who never lose sight of aspiring to do
　　M　　V　　　　　S　　　　　　　　　　　M
something that's truly meaningful to them). But [for many of us],
　　　　　関係代名詞の that　　　　　　　　　　　　　　　M
[as the years go by], we allow our dreams to be peeled away. We pick
比例の as「〜につれて」M　S　　V　　　O　　　to do　　　　　S　　V
our jobs [for the wrong reasons] and then we settle [for them]. We
　O　　　　　　M　　　　　　　　M　S　　V　　M our jobs を指す S
begin <to accept that it's not realistic to do something we truly love
　V　　不定詞 名詞的用法　形式主語の it　　　O　　　　　関係代名詞の省略
for a living>.

　　Too many (of us) (who start down the path of compromise) will
　　S　　　　　M　　　　M
never make it back. [Considering the fact that you'll likely spend
V the path of compromise を指す　分詞構文「〜を考慮すると」　同格の that
more of your waking hours at your job than in any other part of your
　　　　　　　　　　　　　　　M
life], it's a compromise that will always eat away at you.
　　　　　強調構文 (It is A that 〜.)
　　But you need not resign yourself [to this fate].
　　　　S　　　V　　　　　　O　　　　M

1
環境論

2
教育論

3
心理学

4
言語論

5
幸福論

6
心理学

7
社会論

8
国際関係論

9
宇宙論

10
心理学

///// 本 文 訳 /////

　あなたが10歳で、誰かが大人になったら何になりたいかと尋ねてきたとき、何でも可能なように思えた。宇宙飛行士、考古学者、消防士、野球選手、アメリカの最初の女性大統領。そのとき、あなたの答えは、本当に幸せを感じられるものだけに導かれていた。限界などなかった。

　自分にとって本当に大切な望みを決して見失わない固い決意をした少数の人がいる。しかし、私たちの多くは年月が経つにつれて、自分の夢が崩れていくのを見届けてしまう。間違った理由で仕事を選び、それに落ち着いてしまう。本当にやりたいことを、生活のためにやるのは現実的ではないと受け入れ始める。

　妥協の道を下り始めるあまりにも多くの人が、決して引き返せないことだろう。生活のほかのどの部分よりも、起きている時間の多くを仕事に費やす可能性が高いという事実を考慮すると、常に自分を浸食していくのは妥協なのだ。

　しかし、この運命に身をゆだねる必要はない。

///// 語 彙 リ ス ト /////

☐ ask O₁ O₂	動 O₁にO₂を尋ねる	☐ peel away	熟 皮をむく
☐ anything	名 何でも	☐ settle for	熟 ～で手を打つ
☐ astronaut	名 宇宙飛行士	☐ realistic	形 現実的な
☐ archaeologist	名 考古学者	☐ for a living	熟 生活のために
☐ fireman	名 消防士	☐ path	名 道
☐ female	形 女性の	☐ compromise	名 妥協
☐ president	名 大統領	☐ make it back	熟 引き返す
☐ determined	形 固い決意をした	☐ considering	前 ～を考慮すると
☐ lose sight of	熟 見失う	☐ eat away	熟 浸食する
☐ aspire to do	動 ～することを熱望する	☐ resign oneself to	熟 ～に身をゆだねる
☐ meaningful	形 意義のある	☐ fate	名 運命
☐ go by	熟 過ぎ去る		

▶ 単語10回CHECK 　1　 　2　 　3　 　4　 　5　 　6　 　7　 　8　 　9　 　10

I had been [out of college] and [in the working world] [for years]
S V   M   M   M
[before I figured out that I could make it back to school to teach and
M   名詞節の that   不定詞 副詞的用法 結果用法「そして〜」
develop a generation of wonderful young people]. [For a long time],
         ▼「学校に戻って若い世代を教えること」   M
I had no idea <that this might be possible>. Now there's nothing
S V   同格の that   O   M   M V   S
(I would rather be doing). [Every day] I think of <how fortunate I
関係詞の省略   M   M   S V   O
am>.

I want you to be able to experience that feeling — to wake up every
S V O   to do   不定詞 形容詞的用法 同格
morning thinking how lucky you are to be doing what *you're* doing.
        分詞構文「〜しながら」

　学校に戻って、素晴らしい若者の世代を教えて育てることができると理解する前に、私は大学を出てから、何年も仕事の世界にいた。長い間、これが可能だとはわからなかった。今は、これ以上にやりたいことなど何もない。毎日、なんて自分は幸運なのだと想像する。

　私はあなたに、今やっていることをできることで、なんて自分は幸運なのだと思いながら毎朝目覚めるような感情を経験してもらいたい。

1 環境論

2 教育論

3 心理学

4 言語論

5 幸福論

6 心理学

7 社会論

8 国際関係論

9 宇宙論

10 心理学

語 彙 リ ス ト

| ☐ figure out | 熟 理解する | ☐ have no idea | 熟 わからない |
| ☐ generation | 名 世代 | ☐ fortunate | 形 幸運な |

▶ 単語10回CHECK　1 ☐ 2 ☐ 3 ☐ 4 ☐ 5 ☐ 6 ☐ 7 ☐ 8 ☐ 9 ☐ 10 ☐

When you were ten years old and someone asked you what you wanted to be when you grew up, anything seemed possible. Astronaut. Archaeologist. Fireman. Baseball player. The first female president of the United States. Your answers then were guided simply by what you thought would make you really happy. There were no limits.

There are a determined few who never lose sight of aspiring to do something that's truly meaningful to them. But for many of us, as the years go by, we allow our dreams to be peeled away. We pick our jobs for the wrong reasons and then we settle for them. We begin to accept that it's not realistic to do something we truly love for a living.

Too many of us who start down the path of compromise will never make it back. Considering the fact that you'll likely spend more of your waking hours at your job than in any other part of your life, it's a compromise that will always eat away at you.

But you need not resign yourself to this fate.

I had been out of college and in the working world for years before I figured out that I could make it back to school to teach and develop a generation of wonderful young people. For a long time, I had no idea that this might be possible. Now there's nothing I would rather be doing. Every day I think of how fortunate I am.

I want you to be able to experience that feeling — to wake up every morning thinking how lucky you are to be doing what *you're* doing.

夢よりも大切なこと

　私自身も、昔から人一倍大きな夢を見るほうで、いまだにそういった夢や目標のおかげで、毎日頑張れています。まだまだこんな自分では終われない、もっと頑張らないと、と自分を奮い立たせて、頑張っている日々です。しかし、**「将来の夢は何？」「やりたいことは何？」という問いに、答えられる人のほうが少ないのが現**実ではないでしょうか。

　「夢」とか「やりたいこと」が魔法の言葉のように力を持ち、そのせいで、もっと大切なものが見えなくなっている人が多い気がします。私自身も、かつてはそれがわからない一人でした。「夢」や「目標」は人生を輝かせるものです。夢を見る力は、何よりも原動力やモチベーションになります。

　しかし、「夢」や「目標」だと言いながら、20歳をとうに超えても実家にとどまり、親に毎朝起こしてもらったり、洗濯や掃除をしてもらったりして、家賃や水道光熱費がかかる現実も知らずにいるとどうなるでしょうか。

　そんな人たちは、当然「夢」をかなえられるわけもなく、何もかもがうまくいかなくなってしまいます。

　「夢」とか「やりたいこと」以上に、まずは親から自立すること、これが何より大切なことになります。自立とは、親元から離れて、生活のあらゆる面を自分で考えながら行動していくことになります。そして、自分のやれる範囲で生活をしていくことでもあります。

　まずは、**親から自立すること**、これを第一に考えてみてください。その中で、「夢」を追ったらいいし、自立してやれる範囲内で「やりたいこと」をやったらいいのです。優先順位をはき違えてはいけません。大学卒業と共に、親元を離れて自立をして、その中でやりたいことを目指してください。

　成功者やうまくいっている人たちは、総じてこの自立が早いものです。**しっかりと自立したおかげで、いちばん重要な自尊心を手に入れて、健全に成長する**ことができます。自立して生きることの大変さを全身で理解したとき、今まで見下していたあらゆる職業や大人に対して、心から敬意を払えるようになります。そして、夢を見る力は、必ずや人生を輝かせるものです。**親から自立すること、これを第一に考えたうえで、あなただけの素敵な夢を追ってみてください。**

1 環境論
2 教育論
3 心理学
4 言語論
5 幸福論
6 心理学
7 社会論
8 国際関係論
9 宇宙論
10 心理学

解答

- **A.** （ア）a （イ）d （ウ）a （エ）c （オ）c
- **B.** (1) b (2) c
- **C.** (1) d (2) b (3) d

解説

A.

（ア）～と関連がある
a. ～と関係している　　b. ～に認められない
c. ～に精通している　　d. ～に分けられている
associated with「～と関連がある」から、**a. connected with**「～と関係している」が正解。

語彙 POINT ❶ 「～と関連がある」のパラフレーズ

「～と関連がある」のパラフレーズは、頻出問題のひとつです。（ア）で使われた**be associated with ／ be connected with**に加えて、**be related to ／ be relevant to ／ be concerned with ／ have something to do with ／ be involved in** など、多くの表現があります。

（イ）～に関心がある
a. ～に夢中になる　　b. ～を確信している
c. ～を好む　　　　　d. ～に興味がある
care about「～を気にかける」、「～に関心がある」から、**d. have interest in**「～に興味がある」が正解。

（**ウ**）ほかの条件が同じなら

a．もしほかのことが同等なら　　b．ほかのことが同等だけれども

c．ほかのことが同等でない限り　　d．ほかのことが同等であるのに

Other things being equal「ほかの条件が同じなら」の分詞構文なので、**a．If other things are equal**「もしほかのことが同等なら」が正解。

（**エ**）予測されて

a．矛盾して　　b．説明されて　　c．予測されて　　d．維持されて

predicted「**予測されて**」から、**c．forecasted**「**予測されて**」が正解。

▶**語彙 POINT ②** preは「前に」の意味

　（エ）の**predict**「**予言する**」は、**pre**「**前もって**」＋**dict**「**言う**」から、「**予言する**」の意味になります。他にも、**president**は、**pre**「**前に**」＋sid（=sit）「**座る**」＋-ent「**～する人**」＝「**前に座っている人**」から、国民や社員のいちばん前に座っている人で、「**大統領・社長**」の意味になります。**prejudice**は、**pre**「**前もって**」＋judge「**判断する**」から、「**偏見**」になります。**professor**は、**pro**「**前で**」＋fes「**言う**」＋-or「**～する人**」から、学生の前で話す「**教授**」を意味します。

▶**語彙 POINT ③** dictは「言う」の意味

　（エ）の**predict**「**予言する**」は、**pre**「**前もって**」＋**dict**「**言う**」から、「**予言する**」になります。**語彙POINT②**は、**pre**「**前に**」に着目しましたが、**dict**「**言う**」に着目します。選択肢a．contradictedは、原形がcontra「**逆に**」＋**dict**「**言う**」から、「**矛盾する**」になります。ほかにも、dictionaryは**dict**「**言葉**」に関する本から「**辞書**」になります。

（**オ**）計測されて

a．除外されて　　b．予期されて

c．計測されて　　d．資格が与えられて

quantified「**計測されて**」から、**c．measured**「**計測されて**」が正解。

1 環境論

2 教育論

3 心理学

4 言語論

5 幸福論

6 心理学

7 社会論

8 国際関係論

9 宇宙論

10 心理学

（1） 哲学者の中には、常識による心理学理論に懐疑的なものもいる。
  a. 哲学者の中には、人が確信と欲望の両方に左右されて意思決定を行うことに興味を持つものもいる。
  b. 哲学者の中には、確信と欲望に従って人が意思決定するのに疑問を表明したものもいる。
  c. 哲学者の中には、確信か欲望に左右されて、人が意思決定するのに同意するものもいる。
  d. 哲学者の中には、確信と欲望に基づいて、人が意思決定するのに無関心なものもいる。

be skeptical about「～に疑いを持つ」から、**express doubt**「疑いを表明する」の表現のある**b**が正解。

> **語彙 POINT ❹** 「疑う」のパラフレーズ

「**疑う**」のパラフレーズに、**doubt, suspect** があります。前者は「～ではないと疑う」、後者は「～だと疑う」。ほかに、形容詞を用いて、**be doubtful about, be suspicious of, be skeptical about** もすべて「**～を疑う**」の意味でパラフレーズされるので、注意しましょう。

（2） 明らかに、100ドルだ。
  a. 私たちは、確率に基づいて、もっと好ましい選択肢を選ぶ。
  b. 私たちは、より好ましくない選択肢を選ぶために、可能なすべてを行う。
  c. 私たちは、確率とは別にもっと好ましい選択肢を選ぶだけだ。
  d. 私たちは、確率を推測することで、より起こりそうにない選択肢を選ぶにすぎない。

「明らかに、100ドルだ」は、**決定の中には、確率判断によらずに、より好ましい選択肢を選ぶだけのものもあり、ほかの条件が同じなら、10ドルと100ドルのどちらが欲しいか**の具体例なので、**c**が正解。本文の **not depend on probability judgements** が選択肢 **independent of probability** にパラフレーズされている。

C.

(1) 作者は、雨の日に外出する際の人の好みによって何を意味しているか。
a. その人が可能性を判断する。
b. その人は雨が降ると思う。
c. その人は雨が降らないと思う。
d. その人が雨に濡れることを考慮する。

第1段落第5文「それ（意思決定）は、たいていは我々の確信に関する確率判断と、好みに関する情報を組み合わせたものを必要とする」の具体例で、「傘を持っていくかどうかは、雨が降ると思うか、雨に濡れるのを避けたいかの両方に左右される」とある。「確信に関する確率判断」の具体例が「雨が降ると思うか」で、「好みに関する情報」の具体例が「雨に濡れるのを避けたいか」なので、**d**が正解。

(2) なぜサイコロを投げることが、リスクがある中での意思決定の例と考えられるか。
a. それぞれの結果の確率がより高いから。
b. それぞれの結果の確率がわかっているから。
c. それぞれの結果の確率が不明瞭だから。
d. それぞれの結果の確率が不確実だから。

第2段落第6文「仕掛けのないサイコロに賭けることはこの範疇（はんちゅう）に入る。その理由は、それぞれの結果の確率は6分の1だからだ」より、**b**が正解。**理由のsince**に注意する。

(3) 次のうちどれが、作者が主張していないことを含むか。
a. 不確実な状況下での意思決定は、結果の確率が不確実だ。
b. リスクがある中での意思決定は、結果の確率がわかっている。
c. 多くの決定が確率を含むが、一部はない。
d. リスクがある中での意思決定に関して、結果の確率と実際の結果の両方がわかっている。

> **解法 POINT ❷** **NOT問題は消去法**
>
> (3)のような**NOT問題**は、選択肢を1つずつ本文と照らし合わせて、**消去法で残った選択肢が正解**となります。解くのに時間がかかるので注意しましょう。

1 環境論
2 教育論
3 心理学
4 言語論
5 幸福論
6 心理学
7 社会論
8 国際関係論
9 宇宙論
10 心理学

aは、第2段落最終文「不確実性の元での意思決定は、結果の確率は
わからないことを意味する」と一致するので、不正解。

　　bは、第2段落第5文「リスクがある中での意思決定は、結果の確率は
わかっている」と一致するので不正解。

　　cは、第2段落第1文「決定の中には、確率判断に左右されないものも
ある」と第2段落第4文「しかし、多くの決定は実際に確率を伴う」と
一致するので不正解。

　　dは、第2段落第5文「リスクがある中での意思決定は、結果の確率
はわかっているが、実際の結果は予測できないことと同じだ」と矛盾す
るので正解。

1
環境論

2
教育論

3
心理学

4
言語論

5
幸福論

6
心理学

7
社会論

8
国際関係論

9
宇宙論

10
心理学

Common sense tells us <that people's decisions depend both on
　　　　　S　　　V　　O₁　名詞節のthat　　　　　　　　　　　O₂
their beliefs and on their desires. Some philosophers have been
　　　　　　　　　　　　　　　　　　　　　S　　　　　　V
skeptical [about common-sense psychological theories]. Decision
　C　　　[about common-sense psychological theories]　　S
theorists, however, have generally accepted the common-sense
　　　　　　M　　　　　V　　　　　　　O
analysis (of decision making), and assumed <that beliefs and desires
　　　　　　M　　　　　　　　　　　V　　名詞節のthat
can be completely different from one another>. Decision making is,
　　　　　　　　　　O　　　　　　　　　　S　　　　　V
therefore, a more complex process [than judging probabilities].
　M　　　　　C　　　　　　　　　[than judging probabilities]
Indeed, it typically requires a combination (of the probability
　M　　S　　M　　V　　　O　　　　　M
judgements associated with our beliefs and information about our
　　　　　過去分詞の名詞修飾
preferences). <Whether someone takes an umbrella when they go
　　　　　　　　　　　　　　　S
out> depends both on <whether they think it will rain>, and
　　V　　　　　　O　　whether 〜と whether 〜の接続
<whether they want to avoid getting wet>. Indeed, probability
　　　　　O　　　　　　　　　　　　　　　M　　　S
theory was originally developed [for analyzing games of chance and
　　　V　　　　　　M　　　　　analyzing 〜と assessing 〜の接続
assessing insurance risks]. [In both cases], judgements (of probability)
　　　　　　　　　　　　　M　　　　　S　　　　M
inform decisions (with outcomes people really care about — outcomes
　V　　O　　　　M　　　関係詞の省略
of financial gain and financial loss).

Some decisions do not depend on probability judgements, and the
　S　不定詞形容詞的用法　V　　　　　　O　　　　　　　　　S
rational thing (to do) is <to choose the more favourable alternative>.
　　　　　M　　V　　不定詞 名詞的用法　　　　C
[Other things being equal], would you rather be given $10 or $100?
　M　　　分詞構文　　　　　　S　　M　　　V　　　O
Obviously, $100.
　M

42

　常識によって、私たちは人々の決定が確信と欲望の両方で決まるとわかっている。哲学者の中には、常識による心理学理論に懐疑的なものもいる。しかし、決定論者は、意思決定の常識に基づく分析を全般的に受け入れていて、確信と欲望がお互いに全く別のものである可能性があると想定している。それゆえに、意思決定は確率を判断することよりも複雑なプロセスとなる。実際に、それは、たいていは我々の確信に関する確率判断と、好みに関する情報を組み合わせたものを必要とする。ある人が外出時に傘を持って行くかどうかは、雨が降ると思うかどうか、濡れるのを避けたいかどうかの両方に左右される。実際に、確率理論は、儲けの分析と保険リスクの評価のために、元々開発された。両方の場面で、確率判断によって、人が本当に気にかける結果、すなわちお金の利益と損失の結果に関する判断がわかる。

　決定の中には、確率判断に左右されないものもあるし、合理的にすべきことは、より好ましい選択肢を選ぶことだ。ほかの条件が同じなら、10ドルと100ドルのどちらが欲しいか。明らかに100ドルだ。

common-sense	形 常識の	associate A with B	動 AをBと関連付ける
belief	名 信念、確信	preference	名 好み
desire	名 欲望	originally	副 元来
philosopher	名 哲学者	insurance	名 保険
skeptical	形 懐疑的な	outcome	名 結果
psychological	形 心理学の	care about	熟 関心がある
analysis	名 分析	financial	形 金融上の
assume	動 想定する	gain	名 利益
completely	副 完全に	loss	名 損失
decision making	名 意思決定	rational	形 合理的な
complex	形 複雑な	favourable	形 好ましい
probability	名 確率	alternative	名 代替手段
typically	副 典型的に	other things being equal	熟 ほかの条件が同じなら
combination	名 結合	obviously	副 明らかに

▶ 単語10回CHECK　1　2　3　4　5　6　7　8　9　10

1 環境論
2 教育論
3 心理学
4 言語論
5 幸福論
6 心理学
7 社会論
8 国際関係論
9 宇宙論
10 心理学

However, many decisions do involve probabilities, and they can be
M   S   強調の助動詞do「実際に」   V   O   S   V

divided [into those that involve *risks*, and those that involve
          many decisionsを指す   関係代名詞のthat   関係代名詞のthat

uncertainties]. Decision making (under risk) means <that the
S   M   V   名詞節のthat

probabilities of the outcomes are known, although the actual outcome
O

cannot be predicted>. Bets (on the throw of a fair dice) come [into
S   M   V   M

this category], [since the probability of each outcome is one-sixth].
          理由のsince「～ので」   M

Decision making (under uncertainty) means <that the probabilities
S   M   V   名詞節のthat

of the outcomes are unknown>.
O

[In most everyday decisions] the outcomes are uncertain, [at least]
M   S   V   C   M

[to the extent that their probabilities cannot be quantified as
M   同格のthat

precisely as the probability of a fair dice coming up six]. Decision
          動名詞の主語   動名詞   S

making (under uncertainty) is more complicated [than decision
M   V   C   M

making under risk], [because each outcome has to have not just a
M   not just A but (also) B「AだけではなくBも」

probability, but a probability distribution associated with it].
          過去分詞の名詞修飾   each outcomeを指す

しかし、多くの決定は実際に確率を伴うもので、リスクを伴うものと、不確実性を伴うものに分けることができる。リスクがある中での意思決定とは、結果の確率はわかっているが、実際の結果は予測できないことと同じだ。仕掛けのないサイコロに賭けることはこの範疇（はんちゅう）に入る。その理由は、それぞれの結果の確率は6分の1だからだ。不確実性の元での意思決定は、結果の確率はわからないことを意味する。

　毎日のほとんどの決定において、少なくとも6が出るサイコロの確率ほどは正確に測ることができない程度に、結果は不確実だ。不確実性の元での意思決定が、リスクがある中での意思決定より複雑なのは、それぞれの結果が単に確率であるだけではなく、それに関連する確率分布を必然的に持っているからだ。

1 環境論
2 教育論
3 心理学
4 言語論
5 幸福論
6 心理学
7 社会論
8 国際関係論
9 宇宙論
10 心理学

語 彙 リ ス ト

☐ involve	動	伴う
☐ uncertainty	名	不確実性
☐ actual	形	実際の
☐ predict	動	予測する
☐ bet	名	賭け
☐ category	名	範疇（はんちゅう）

☐ at least	熟	少なくとも
☐ extent	名	程度
☐ quantify	動	計る
☐ precisely	副	正確に
☐ complicated	形	複雑な
☐ distribution	名	分配

▶ 単語10回CHECK　1☐　2☐　3☐　4☐　5☐　6☐　7☐　8☐　9☐　10☐

Common sense tells us that people's decisions depend both on their beliefs and on their desires. Some philosophers have been skeptical about common-sense psychological theories. Decision theorists, however, have generally accepted the common-sense analysis of decision making, and assumed that beliefs and desires can be completely different from one another. Decision making is, therefore, a more complex process than judging probabilities. Indeed, it typically requires a combination of the probability judgements associated with our beliefs and information about our preferences. Whether someone takes an umbrella when they go out depends both on whether they think it will rain, and whether they want to avoid getting wet. Indeed, probability theory was originally developed for analyzing games of chance and assessing insurance risks. In both cases, judgements of probability inform decisions with outcomes people really care about — outcomes of financial gain and financial loss.

Some decisions do not depend on probability judgements, and the rational thing to do is to choose the more favourable alternative. Other things being equal, would you rather be given $10 or $100? Obviously, $100. However, many decisions do involve probabilities, and they can be divided into those that involve *risks*, and those that involve *uncertainties*. Decision making under risk means that the probabilities of the outcomes are known, although the actual outcome cannot be predicted. Bets on the throw of a fair dice come into this category, since the probability of each outcome is one-sixth. Decision making under uncertainty means that the probabilities of the outcomes are unknown.

In most everyday decisions the outcomes are uncertain, at least to the extent that their probabilities cannot be quantified as precisely as the probability of a fair dice coming up six. Decision making under uncertainty is more complicated than decision making under risk, because each outcome has to have not just a probability, but a probability distribution associated with it.

リスクを受け入れる

英語のコロケーション（動詞と目的語の組み合わせの相性）で、「リスクを冒す」は *run a risk* や *take a risk* と表現します。「リスクを走らせる」とか、「リスクを受け入れる」という意味になります。英語圏では、直訳すると"リスクというものを手のひらで転がして走らせ続ける、あるいはリスクをいっそのこと受け入れてしまおう"という発想をします。

生きている限り、多かれ少なかれ何らかのリスクはつきものです。risk は 100% 危険な danger と違って、「危険な目にあう高い可能性」を意味しています。そして、**誰しもが受け入れる勇気を持たない risk の周辺にこそ、成功の可能性は眠っているもの**です。

だからこそ、英語では *take a risk* と表現して、リスクを受け入れることで、成功に近付くと思われているのかもしれません。

皆さんにとってのリスクとは何でしょうか。例えば、嫌な科目があったとします。それが皆さんにとってのリスクです。人間、嫌なものから逃げてしまうことはよくあるものですが、**逃げて楽になれるのはほんの一瞬だけです。後々、もっと増大したマイナスが降りかかってきてしまいます。**苦手科目に対処するのも、早ければ早いほど良いものです。

僕自身も、過去に数々の嫌なことから逃げてきた経験があります。その度に、もっと大きなマイナスが後々に降りかかってきました。

嫌なものや面倒なものこそ、勇気を出して向かい合ってみるのです。そうして**リスクを受け入れるたびに精神的に強くなり、誰にも負けない心の強さが身につきま**す。

今皆さんが向き合っている受験勉強も、志望校に"落ちるか受かるか"という不安に常にさいなまれることから、リスクと言えるかもしれません。**リスクを受け入れてみてください。その覚悟を決めることで、道が開けてきます。**

1 環境論
2 教育論
3 心理学
4 言語論
5 幸福論
6 心理学
7 社会論
8 国際関係論
9 宇宙論
10 心理学

解答

1. 奇妙に思えるかもしれないが
2. 多くの人が使うように、言語は私たちが話すもので、方言とは、通常より劣っているとみなされている人が話す言葉の種類を指す。
3. 区別をしている人間が誰であるか、そしてその種類を判断する見方に左右されるから。
4. ほかのどの方言以上に、「言語」という呼び名に値する方言があるわけではない。
5. had

解説

1.

構文 POINT ❹ 譲歩の as

形容詞 as S（may）be, 〜.「S は形容詞だけれども」という**譲歩の as** が使われています。助動詞の may がセットで使われることが多いですが、この may は訳出しなくてかまいません。
（例文）
Young as he may be, he runs his company.
訳 彼は若いけれども、自分の会社を経営している。
Young as he may be で**形容詞 as S may be** から、**譲歩の as** です。形容詞の位置には、動詞や名詞がくることもあるのでおさえておきましょう。

Strange as it may seem, 〜. は**譲歩の as** で be 動詞が seem になっている表現。「それは奇妙に思えるかもしれないが」の意味。it は主節の内容を指している。

1 環境論
2 教育論
3 心理学
4 言語論
5 幸福論
6 心理学
7 社会論
8 国際関係論
9 宇宙論
10 心理学

2.

構文図解

[As used by many people], language is ＜what we speak＞ and
　様態のas「〜ように」　M　　　　　　　　S　　V　　　　C

dialect is the linguistic variety （spoken by him, usually
　S　V　　　　C　　　　　　過去分詞の名詞修飾　　　M

someone thought of as inferior）.
　　　　　　過去分詞の名詞修飾

構文 POINT ⑤　接続詞の後ろのS＋be動詞省略

　if, when, asなどのいわゆる**従属接続詞の後ろにはSVが続く**のが本来のルールです。例外的に省略できるのが、**Sが主節と同じSか主節を表すit、Vはbe動詞**に限り、省略が可能になります。

（例文1）

When in the company, I had to wake up at six every morning.

🈂 その会社にいたとき、毎朝6時に起きなければならなかった。

　whenの後ろには本来SVが続きますが、**主節と同じIとbe動詞のwasが省略**されています。

（例文2）

If necessary, you can use my room.

🈂 必要なら、私の部屋を使ってください。

　ifの後ろには本来SVが続きますが、**主節を意味するitとbe動詞のisが省略**されています。

　本文では、**asの後ろに主節を指すitとbe動詞のisが省略**されている。asは**様態のas**「〜ように」。続いて、**whatが「〜こと」の名詞節**を作り、what we speak「私たちが話すこと」となる。次に、varietyの後ろのspokenが過去分詞で、himまでの形容詞のカタマリを作り、後ろからvarietyを修飾する。

　分詞は形容詞のカタマリを作り、後ろから名詞を修飾することをおさえる。同格のカンマをはさんで、someoneの後ろのthoughtも過去分詞で形容詞のカタマリを作り、後ろからsomeoneを修飾する。

3.

> **論理 POINT ❷** 第2文型のCに形容詞がきたら抽象の目印
>
> 　**第2文型 (SVC) のCに形容詞がきたら、抽象表現の目印**になります。筆者の主張ととらえてもよいでしょう。**後ろにその理由や具体説明が続く**ので、「**すなわち**」とか「**なぜなら**」と補って、文と文のつながりを見抜きましょう。

　下線部(3)も、「すなわち、その区別は主観的なものだ」という表現。subjective「主観的な」がSVCのCで使われており、**その理由説明や具体例が後ろに続く**と予想できる。ここでは、「なぜなら」と補うと、後ろの文が「それ（方言と標準語の区別）は、あなたが誰であるか、そしてその種類を判断する見方に左右される」からだと、主張に対する理由とわかるので、ここが該当箇所になる。

構文図解

It depends on <who you are> and the perspective (from which
S　V「～に左右される」　O　疑問詞のwho「～は誰か」　　　　　O　　　　　M
you judge the varieties).

4.

構文図解

no dialect is more deserving [of the title 'language'] [than any
　S　　　　　V　　　　　　　　　M　　　　　　　　　　　M
other dialect].

---

　than以下の訳出が難しいので、other, any, dialectの順に訳すと、「ほかのどの方言」ときれいに訳出することが可能。「ほかのどの方言以上に『言語』という呼び名に値する方言があるわけではない」となる。

5.

　空所①を含む文の主節の表現に着目する。**might という助動詞の過去形**が使われているので、**仮定法の目印**になる。中でも、might have become と**助動詞の過去形＋have p.p.** が使われているので、**仮定法過去完了の表現**とわかる。**仮定法過去完了**とは、**過去に起きた事実と反する内容を表現する手法**のこと。

　if節は**過去完了形**（had p.p.）で、主節が**助動詞の過去形 ＋ have p.p.** なので、空所①には、had を入れるのが正解。

1 環境論

2 教育論

3 心理学

4 言語論

5 幸福論

6 心理学

7 社会論

8 国際関係論

9 宇宙論

10 心理学

[Strange as it may seem], there is no generally agreed-upon way
譲歩の as　主節を指す　M　　　M　V　　　　　　S
(to distinguish between a 'language' and a 'dialect'). The two words
不定詞　形容詞的用法　　　　　　　M　　　　　　　　　　　　　S
are not objective, scientific terms, [even among linguists]. The lay
V　　　　　　　C　　　　　　　　　　M　　　　　　　S
community shares the same predicament, and people often use the
　　　　V　　　　　O　　　　　　　　　S　　M　V　O
terms [to mean different things]. [As used by many people],
不定詞　副詞的用法　結果用法　　M　　　　様態の as「～ように」　　M
language is <what we speak> and dialect is the linguistic variety
S　V　　　　C　　　　　　　S　　V　　　　C
(spoken by him, usually someone thought of as inferior). [In other
過去分詞の名詞修飾　M同格のカンマ「すなわち」　過去分詞の名詞修飾　　　M
contexts], language can mean the generally accepted standard, the
　　　　　　S　　　V　　　　O　　　　同格のカンマ「すなわち」
variety sanctioned by the government and the media. Dialects, [on
過去分詞の名詞修飾　　　　O'　　　　　　　S
the other hand], are homelier versions (of the standard) (that vary
M　　　　V　　　C　　　　　M　　　関係代名詞の that
from region to region) and don't sound [like the speech of radio
M　　　　　　　　V　　　前置詞の like「～のように」　M
announcers].

　　　　　　　　　　　B rather than A「A よりむしろ B」
Language varieties, then, tend to be labeled dialects [rather than
S　　　　M　　V　　　　C　　　M
languages] [for non-linguistic reasons, usually political or ideological].
　　　　　　　　　　　　　　M
Dialects are spoken [by people] (who don't run the country). They're
S　V　　　M　　　　　M　　　　S
generally considered [to be not as 'good' as the standard language]
V　　　　　　　　M
and consequently have little prestige. Oftentimes they're not even
M　　V　　O　　　　　M　　S　V
written. [In short], the distinction is subjective. It depends on <who
M　　　S　　V　　C　　S　V　疑問詞の who「～は誰か」
you are> and the perspective (from which you judge the varieties).
O　　　　　O　　　　　　　　M

1 環境論
2 教育論
3 心理学
4 言語論
5 幸福論
6 心理学
7 社会論
8 国際関係論
9 宇宙論
10 心理学

//////////// 本 文 訳 ////////////

　奇妙に思えるかもしれないが、「言語」と「方言」を区別する満場一致の方法は存在しない。その２つの言葉は、言語学者の間ですら、客観的で科学的な用語ではない。素人の集団は、同じ状態に陥り、よくその用語を使って異なるものを意図することがある。多くの人が使うように、言語は私たちが話すもので、方言は通常より劣っているとみなされている人が話す言葉の種類を指す。ほかの文脈では、言語とは一般的に受け入れられている標準語、すなわち政府やメディアが認めた種類の言葉を意味することがある。一方で方言は、地域ごとに異なる標準の、もっと素朴なもので、ラジオのアナウンサーが話すようなものではない。

　そして、言語の種類は、言語とは関係ないたいていは政治的、イデオロギー的理由で、言語というより方言と呼ばれる傾向にある。方言は、国の中心にはいない人が話す。方言は一般的に、標準語ほど「良い」ものではないと考えられており、結果としてほとんど威厳がない。たいていそれらは書き言葉としては使用すらされない。要するに、その区別は主観的なものだ。それは、あなたが誰であるか、そしてその種類を判断する見方に左右される。

//////////// 語 彙 リ ス ト ////////////

☐ strange	形 奇妙な	☐ sanction	動 認可する
☐ 形容詞 as S (may) be	熟 Sは形容詞だけれども	☐ government	名 政府
☐ generally	副 一般的に	☐ on the other hand	熟 一方で
☐ agreed-upon	形 一致した	☐ homely	形 素朴な
☐ distinguish	動 区別する	☐ vary	動 変わる
☐ dialect	名 方言	☐ region	名 地域
☐ objective	形 客観的な	☐ label	動 ラベルを貼る
☐ scientific	形 科学的な	☐ ideological	形 イデオロギーの
☐ term	名 用語	☐ run	動 経営する
☐ linguist	名 言語学者	☐ consequently	副 結果として
☐ lay	形 素人の	☐ prestige	名 威厳
☐ predicament	名 状態	☐ oftentimes	副 よく
☐ variety	名 種類	☐ in short	熟 要するに
☐ inferior	形 劣った	☐ distinction	名 区別
☐ context	名 文脈	☐ subjective	形 主観的な
☐ standard	名 標準	☐ perspective	名 観点

▶ 単語10回CHECK　1 ☐　2 ☐　3 ☐　4 ☐　5 ☐　6 ☐　7 ☐　8 ☐　9 ☐　10 ☐

[From a linguistic perspective], no dialect is inherently better
      M   S   V   M   C
[than any other] and thus no dialect is more deserving [of the title
   M   M   S   V   M
'language'] [than any other dialect]. A language can be seen [as a
                M   S   V   M
group of related dialects]. [For example], the dominant position (of
         M   M   S
the Parisian dialect in France) is largely an accident (of history).
         M   V   M   C   M
[When the Count of Paris was elected king of France in the tenth
                      M
century], the dialect (of his court) became the 'standard' French
  M   S   M   V   C
language. Other related varieties were disdained [as well as other
            S   V   B as well as A「AだけでなくBも」
unrelated varieties (e.g., Basque in the southwest and Breton in the
                      M
north)]. [If things had gone differently], however, the dialect (of
              M   M   S
Marseille or Dijon) might have become the national language (of
     M   V   C
France today).
   M

54

　言語学的観点からは、ほかのどの方言よりも元々優れているという方言はなく、それゆえにほかのどの方言以上に、「言語」という呼び名に値する方言があるわけではない。言語は、関連する方言の集合体とみなすことができる。例えば、フランスのパリの方言という優位な立場は、ほとんどが歴史の偶然と言ってもいい。パリの伯爵が10世紀にフランスの王に選ばれたとき、その宮廷で使う方言がフランスの「標準」語となった。関連するほかの種類の言葉は、無関係の種類の言葉と同様に軽蔑される（例えば、南西部のバスク語や北部のブルトン語のように）。しかし、もし状況が異なっていたなら、マルセイユやディジョンの方言は、現代のフランスの公用語となっていたかもしれない。

1 環境論
2 教育論
3 心理学
4 言語論
5 幸福論
6 心理学
7 社会論
8 国際関係論
9 宇宙論
10 心理学

語 彙 リ ス ト

inherently	副 元来	court	名 宮廷
deserve	動 値する	disdain	動 軽蔑する
see A as B	熟 AをBとみなす	e.g.	熟 例えば
dominant	形 優位な	things	名 状況
largely	副 大部分は	might have p.p.	熟 〜したかもしれない
accident	名 偶然		

▶単語10回CHECK 1 2 3 4 5 6 7 8 9 10

Strange as it may seem, there is no generally agreed-upon way to distinguish between a 'language' and a 'dialect'. The two words are not objective, scientific terms, even among linguists. The lay community shares the same predicament, and people often use the terms to mean different things. As used by many people, language is what we speak and dialect is the linguistic variety spoken by him, usually someone thought of as inferior. In other contexts, language can mean the generally accepted standard, the variety sanctioned by the government and the media. Dialects, on the other hand, are homelier versions of the standard that vary from region to region and don't sound like the speech of radio announcers.

Language varieties, then, tend to be labeled dialects rather than languages for non-linguistic reasons, usually political or ideological. Dialects are spoken by people who don't run the country. They're generally considered to be not as 'good' as the standard language and consequently have little prestige. Oftentimes they're not even written. In short, the distinction is subjective. It depends on who you are and the perspective from which you judge the varieties.

From a linguistic perspective, no dialect is inherently better than any other and thus no dialect is more deserving of the title 'language' than any other dialect. A language can be seen as a group of related dialects. For example, the dominant position of the Parisian dialect in France is largely an accident of history. When the Count of Paris was elected king of France in the tenth century, the dialect of his court became the 'standard' French language. Other related varieties were disdained as well as other unrelated varieties (e.g., Basque in the southwest and Breton in the north). If things had gone differently, however, the dialect of Marseille or Dijon might have become the national language of France today.

上京と方言

　私自身、北海道の札幌出身で、19歳で上京して以来、東京で暮らしています。その間、5年間ほど静岡で生活していましたが、東京で生活して長い時間が経ったなあと思うものです。"郷愁"というふるさとを懐かしく思う気持ちは誰しもあるもので、東京で失敗するたびに、故郷の札幌を思うことがよくありました。

　札幌と東京の違いとして、札幌ではゴキブリが出ない、花粉症がない、梅雨の季節がない、人ごみも少ないと、上京したてのころは札幌の良い面ばかりをあげるだけでした。東京から見たら、札幌は寒いし、雪は降るし、桜の咲く季節が短いのでお花見はあまり流行らないし、景気はあまり良いとは言えない…など、**どちらにも良い点、悪い点があります。要は見方の問題、自分自身のとらえ方の問題で、うまくいく人間はどこでもうまくいくし、うまくいかない人間はどこでもうまくいかない**と気づいたのは、上京して10年が経ったころでした。

　東京でうまくいかなかった理由も、常に「失敗したら地元の札幌に帰る」という心の甘さがあったことが原因だったのかもしれません。上京して一度は何もかもうまくいかずに静岡に一時避難した後、再度上京する機会が巡ってきました。「自分は東京でやっていく、もう何があっても札幌には帰らない」という強い覚悟を決めてから、少しずつ道が開けてきたように思えます。

　札幌にいたころは、北海道弁という方言があって、「**なまら**」という言葉はよく使ったものです。標準語では「とても」を意味しますが、もう19歳で上京した当初から使わなくなっていました。鶏のから揚げのことは「**ザンギ**」と呼びます。これは、北海道の特産品を出す居酒屋やデパートの北海道フェアなどで目にすることもあると思います。冷たいことを「**しゃっこい**」と言ったり、ゴミなどを捨てることを「**なげる**」と言っていました。

　これらの方言に触れるたびに、懐かしさがこみ上げてきます。これから上京する人たちも覚えておいてほしいのは、**いちばん大切なのは生活力であり、適応力です。過去の基準に縛られず、過去を振り返らず、今あるものの良さに気付くこと、それは今ある幸せに気づく力**につながります。

1 環境論

2 教育論

3 心理学

4 言語論

5 幸福論

6 心理学

7 社会論

8 国際関係論

9 宇宙論

10 心理学

解答

(1) この能力のおかげで、私たちは学習、推論、そして計画を立てることができるけれども、それは私たちの幸福感にマイナスの影響を与えるかもしれない。

(2) ニ　(3) ロ　(4) ロ

(5) たとえ私たちがとても楽しい活動に参加していたとしても、私たちがやっていることよりも、私たちの心がさまよっているかどうかで、私たちの幸福度についてより多くのことがわかる。

(6) ロ

解説

(1)

構文図解

[Although this ability allows us to learn, reason, and plan], it
　　　　　　　　　　　M　　　　　　　　　　learn, reason, plan の3つの接続　S
may have a negative effect [on our sense of well-being].
　V　　　　　　　　O　　　　　　　　M

allow O to do は、通常「Oが～するのを許す」と訳すが、**無生物主語**で使うと、「**SのおかげでOが～できる**」とSとO to do 間に**因果関係**が作られる。よって、主語はプラスの結果を生み出す原因を意識して「**Sのおかげで**」と訳す。

1 環境論
2 教育論
3 心理学
4 言語論
5 幸福論
6 心理学
7 社会論
8 国際関係論
9 宇宙論
10 心理学

構文 POINT ❻ 無生物主語 allow O to do は因果関係を作る

allow O to do「**O が〜するのを許す**」が無生物主語と引き合う
パターンです。その場合は、主語と O to do の間に**因果関係**が生まれ
ます。「**S のおかげで O が〜できる**」と訳しましょう。

（例文）

Her help allowed me to finish the work.

訳 彼女が助けてくれた**おかげで**、私はその仕事を終えることがで
きた。

続いて、and が learn, reason, plan の 3 つの接続なので、すべて
allow O to do の do を接続していると理解する。

構文 POINT ❼ 3つ以上の接続

英語では、**3 つ以上の表現を接続**する場合は、A and B and C と
はせずに、**A, B(,) and C** のような形にします。**最後の and だけを
残して、手前の and はカンマ (,) で表す**のが普通です。

（例文）

If you live in English-speaking countries, you can read,
write, **and** speak it.

訳 英語が話されている国に住めば、英語の読み書きや英語を話す
ことができる。

この例文でも、and が read, write, speak を接続しています。

最後に、**have an effect on**「**〜に影響を与える**」が使われているこ
とを確認する。

（2）

イ．私たちの幸福が、この種のさまよいを維持する様子

ロ．私たちの心のさまよいが、この種の幸福を維持する様子

ハ．この種の幸福が私たちの心のさまよいに影響を与える様子

ニ．この種のさまよいが私たちの幸福に影響を与える様子

空欄 a を含む文は、「最近になって、研究者は、私たちの心がどれほど
さまようのか、どんな話題に向かってさまようのか、そして（　a　）を
調査して、この問題に答えようとした」という文。「心のさまよいが幸せ
にどう影響するのか」が調査の対象とわかるので、**ニ**が正解とわかる。

イ．信じた　　ロ．関わった　　ハ．逃れた　　ニ．わかれる

空欄bを含む文は、「その人たちは毎日の活動に（　b　）」から、**ロ engaged in** が正解。**engage in** は「**～に従事する**」と辞書や単語帳に書かれているが、「従事する」とは「（活動などに）**関わる**」の意味。

- -

4

空欄cを含む文は、「調査で集められたデータの分析（　c　）、研究者は3つの結論に達した」から、「分析によって」とか「分析を通じて」となる**ロ 手段のthrough**「**～を通じて**」が正解。

- -

構文図解

[even if we are taking part in a very enjoyable activity],
　　　　　　　　　　　　　　M

<whether or not our minds are wandering> says more [about
　　　　　　　　　　S　　　　　　　　　　　　V　　O　　　M

our happiness] [than what we are doing]
　　　　　　　　　　　　　　M

---

even if「たとえ～でも」から副詞節が始まり、activityまでの意味のカタマリを作る。**whether** から「**～かどうか**」の**名詞節**が始まり、wanderingまでの意味のカタマリを作り、文のSとなる。says more の訳出は、「～についてより多くを物語る」⇒「～についてより多くのことがわかる」と意訳する。thanの後ろの**what**も名詞節「**～こと**」を作っていることに注意する。

1 環境論

2 教育論

3 心理学

4 言語論

5 幸福論

6 心理学

7 社会論

8 国際関係論

9 宇宙論

10 心理学

構文 POINT ❽ 長いSの発見

　この文のように**whether**や**that, what**などは長い主語を作ることに注意しましょう。それぞれ「**〜かどうか**」、「**〜ということ**」、「**〜こと**」という**名詞節**を作って、文のSになります。

（例文1）

Whether I can help him is a difficult question.

📖 私が彼を助けるかどうかは難しい問題だ。

（例文2）

That he stole the bicycle is in question.

📖 彼がその自転車を盗んだのかは謎だ。

（例文3）

What puzzled me most was that she often told a lie.

📖 私を最も悩ませたのは、彼女がよく嘘をつくことだ。

　それぞれ、whether, that, what が名詞節を作り、順に him, bicycle, most までの意味のカタマリで、文のSになっています。

- -

(6)

　イ．幸せな　　　　　ロ．より幸せではない

　ハ．より想像上の　　ニ．本物の

空欄dの前文で「心がたった1つのことに集中しているときほど、**心がさまよっているときには満足していない**」から、**ロ**が正解。

Many (of us) spend our leisure time [in imaginary worlds] —
S　　M　　　V　　　　O　　　　　　　M

[reading novels, watching television and movies, playing video
分詞構文「〜しながら」　　　　　　　　　　M

games, and so on.] [When there isn't a book or screen in front of us],
　　　　　　　　　　　　　　　　　M

our minds often wander. Mind-wandering seems to be the brain's
S　　　M　　V　　　　S　　　　　V　　　　C

natural state; [in other words], we spend a lot of time [thinking
　　　　　　　　M　　　　S　　V　　O　　　M

about events] (that happened in the past, might happen in the
M　　　　関係代名詞のthat　　　　　　　　　M

future, or will never happen at all). [Although this ability allows us
happened 〜 , might happen 〜 , will never 〜の接続　　　M

to learn, reason, and plan], it may have a negative effect [on our
learn, reason, planの3つの接続　S　　V　　　O　　　M

sense of well-being]. Many philosophical and religious traditions
S

teach <that happiness is to be found by resisting mind-wandering
V　　名詞節のthat　　be to 不定詞「可能」　　　　O

and living in the moment>. They suggest <that when our mind
　　　　　　　　　　　　　S　　V　　名詞節のthat　　O

wanders, we feel less happy>. Are they right?
　　　　　　　　　　　　　V　S　C

Recently, researchers tried <to answer this question>,
M　　　　S　　　V　　不定詞 名詞的用法　　O

[investigating how often our minds wander, what topics they wander
分詞構文「〜しながら」　　　　　　M

to, and how this kind of wandering affects our happiness]. The
how 〜 wander, what 〜 to, how 〜 happinessの3つの接続　　　S

researchers collected data [by surveying over two thousand people],
　　　　　V　　O　　　　M

[asking them to report their thoughts, feelings, and actions as they
分詞構文「〜しながら」　　　M　　　thoughts, feelings,　時のas「〜とき」
　　　　　　　　　　　　　　　　　　　actionsの3つの接続
engaged in their everyday activities].

1 環境論

2 教育論

3 心理学

4 言語論

5 幸福論

6 心理学

7 社会論

8 国際関係論

9 宇宙論

10 心理学

本文訳

　私たちの多くが、余暇の時間を想像の世界で過ごす。小説を読んだり、テレビや映画を見たり、テレビゲームをしたりする。私たちの前に本やスクリーンがないと、私たちの心はたいていさまよう。心をさまよわせることは、脳の自然な性質のように思える。すなわち、過去に起きた、これから起きるかもしれない、あるいは決して起こらないだろう出来事について考えるのに多くの時間を費やす。この能力のおかげで、私たちは学習し、推論し、計画することができるが、それは私たちの幸福感にマイナスの影響を与えているかもしれない。多くの哲学的、宗教的伝統は、幸せとは、心がさまようことに逆らい、その瞬間を生きることで見つけられると教えている。そうした伝統によると、心がさまようと、より幸せには感じなくなると示唆する。正しいのだろうか？

　最近になって、研究者は、私たちの心がどれほどさまようのか、どんな話題に向かってさまようのか、そしてこの種のさまよいは幸せにどう影響を与えるのかを調査して、この問題に答えようとした。研究者は、2000人を超える人達に、日々の活動に取り組むときに自分の考え、感情、そして行動を報告することを頼んで調査することで、データを集めた。

語彙リスト

leisure	名 余暇		philosophical	形 哲学の
imaginary	形 想像上の		religious	形 宗教の
and so on	熟 ～など		tradition	名 伝統
wander	動 さまよう		suggest	動 示唆する
seem to be ～	動 ～のように思える		recently	副 最近
state	名 状態		researcher	名 研究者
in other words	熟 すなわち		investigate	動 調査する
spend O doing	動 Oを～するのに費やす		topic	名 話題
reason	動 推論する		collect	動 集める
have an effect on	熟 ～に影響を与える		survey	動 調査する
well-being	名 幸福		engage in	動 関わる

▶ 単語10回CHECK　1　2　3　4　5　6　7　8　9　10

The participants answered a mind-wandering question ("Are you
　　　　　S　　　　　　V　　　　　　　　O　　　　　　　　　V　　S

thinking about something [other than what you're currently doing?"]),
　　　V　　　　　　O　　　　　　　　　　　　M

an activity question ("What are you doing right now?"), and a
　O　　　　　　　　　　　　　O　　　V　S　　V　　　　M　　　　　▲
　　　a mind-wandering question, an activity question, a happiness question の3つの接続

happiness question ("How are you feeling right now?").
　　　　O　　　　　　　　　M　　V　S　　V　　　　　M

[Through analysis of the data collected in the survey], the
　　　　　　　M　　　　　　　　過去分詞の名詞修飾　　　　　　S

researchers came [to three conclusions]. First, our minds wander
　　　V　　　　M　　　　　　M　　　　　　　M　　S　　　V

frequently, [regardless of what we are doing]. Second, [even if we
　M　　　　　　　M　　　　　　　　　　　　　　　M　　　M

are taking part in a very enjoyable activity], <whether or not our
　　　　　　　　　　　　　　　　　　　　　　　　　　　　　S

minds are wandering> says more [about our happiness] [than what
　　　　　　　　　　　V　　O　　　　M　　　　　　M

we are doing]. Third, we are not as content [when our minds are
　　　　　　　　　　　M　S　V　　　C　　　　　M

wandering] [as when our minds are focused on only one thing]. [In
　　　　　▲　as ~ as … 「…と同じくらい~」　　　M　　　　　　M

sum], the survey showed <that the human mind is a wandering
　　　S　　　V　　　▲　名詞節の that　　　　O

mind, and a wandering mind is a less happy mind, just as
　　　　　　　　　　　　　　　　　　　　　　　　様態の as「ちょうど~ように」　▲

philosophical and religious traditions have taught for centuries.

本 文 訳

1 環境論

2 教育論

3 心理学

4 言語論

5 幸福論

6 心理学

7 社会論

8 国際関係論

9 宇宙論

10 心理学

被験者は、心をさまよわせる質問（今やっている以外のことを考えているか）、今の活動に関する質問（ちょうど今何をしているか）、そして幸せに関する質問（今どういう気分か）に答えた。

　調査で集められたデータの分析を通じて、研究者は３つの結論に達した。第一が、やっていることに関係なく、私たちの心は頻繁にさまようということだ。第二に、たとえ私たちがとても楽しい活動に参加していても、心がさまよっているかどうかで、やっていること以上に私たちの幸せについて多くのことがわかる。第三に、私たちは、心がたった１つのことに集中しているときほど、心がさまよっているときには満足していない。要するに、調査によると、人の心はさまようもので、ちょうど哲学的、宗教的伝統が何世紀も教えてくれていたように、さまよっているとより幸せとは言えないということがわかった。

語 彙 リ ス ト

☐ participant	名 被験者	☐ even if	熟 たとえ～でも
☐ conclusion	名 結論	☐ content	形 満足している
☐ frequently	副 頻繁に	☐ be focused on	熟 ～に焦点を当てる
☐ regardless of	熟 ～に関係なく	☐ in sum	熟 要するに

▶ 単語10回CHECK 1 ☐ 2 ☐ 3 ☐ 4 ☐ 5 ☐ 6 ☐ 7 ☐ 8 ☐ 9 ☐ 10 ☐

Many of us spend our leisure time in imaginary worlds — reading novels, watching television and movies, playing video games, and so on. When there isn't a book or screen in front of us, our minds often wander. Mind-wandering seems to be the brain's natural state; in other words, we spend a lot of time thinking about events that happened in the past, might happen in the future, or will never happen at all. Although this ability allows us to learn, reason, and plan, it may have a negative effect on our sense of well-being. Many philosophical and religious traditions teach that happiness is to be found by resisting mind-wandering and living in the moment. They suggest that when our mind wanders, we feel less happy. Are they right?

Recently, researchers tried to answer this question, investigating how often our minds wander, what topics they wander to, and how this kind of wandering affects our happiness. The researchers collected data by surveying over two thousand people, asking them to report their thoughts, feelings, and actions as they engaged in their everyday activities. The participants answered a mind-wandering question ("Are you thinking about something other than what you're currently doing?"), an activity question ("What are you doing right now?"), and a happiness question ("How are you feeling right now?").

Through analysis of the data collected in the survey, the researchers came to three conclusions. First, our minds wander frequently, regardless of what we are doing. Second, even if we are taking part in a very enjoyable activity, whether or not our minds are wandering says more about our happiness than what we are doing. Third, we are not as content when our minds are wandering as when our minds are focused on only one thing. In sum, the survey showed that the human mind is a wandering mind, and a wandering mind is a less happy mind, just as philosophical and religious traditions have taught for centuries.

今日を生きる

　本文でも、幸せとは、さまよっている状態の心ではなくて、その瞬間を生きることで、見つかるものだとありました。特にさまようとは、過去に起きたことやこれから起きること、そして決して起きないことに思いをはせることとありました。

　言い換えると、**過去志向でも未来志向でもなく、今この瞬間を生きることこそ幸せにつながる**ということでしょうか。十年以上生徒に伝えてきたメッセージの1つに、Seize the day. という言葉があります。元々、ラテン語の"Carpe Diem（カルペ・ディエム）"が由来です。古代ローマ時代の詩人ホラティウスの詩文の中にでてくる"その日を摘め"という一節です。その日の花を摘みなさいという意味から、昨日でも明日でもない、今日を生きることの大切さを伝えています。

　英語のSeize the day. では、theが付くことで後ろの名詞に共通認識が生まれます。例えば、Do you have the time? は、theが付くことで、後ろのtimeに共通認識が生まれます。私も知っているし、皆さんも知っている時間だから『今の時間』を意味します。よって、Do you have the time? で「今何時かわかりますか？」という表現になり、What time is it now? を丁寧にした表現になります。

　Seize the day. に戻ると、**the**が付くことで後ろの名詞に共通認識が生まれます。私も知っているし、皆さんも知っている日から、the day は「今日」を意味します。seizeは「つかむ」という意味なので、直訳すると「今日をつかみ取れ」というメッセージです。

　変えようのない過去にいつまでも縛られるのではなく、まだ起きてもいない未来に不安を覚えるのではなく、今日を精一杯生きること。余力など残さずに、今日を必死に生き抜くことが大切で、それが幸せにつながっていくということでした。

　皆さんも、Seize the day. 「今日を生きる」を実践してみてください。

1 環境論

2 教育論

3 心理学

4 言語論

5 幸福論

6 心理学

7 社会論

8 国際関係論

9 宇宙論

10 心理学

クレバーハンス効果

解答

設問1 「今月の8日が火曜日なら、次の金曜日は何日にあたる？」という問いに、ひづめを使って正しい回数をたたくことで答えたこと。

設問2 ドイツ教育庁が任命したサーカスの調教師、獣医、教師、心理学者を含めた委員会が、ハンスの計算などの認知能力に何も仕掛けはないと結論を下したこと。

設問3 注目すべきことに、フングストがこの仕掛けを解き明かした後でさえ、姿勢を変えることで、自らハンスがひづめを叩く回数のヒントを与えることをやめられなかった。

設問4 人間が無意識のサインを抑えることができず、動物がそれを感じ取って、行動をとってしまう効果のこと。

解説

設問1

　下線部(1) this simple responseとthisが付いているので、直前の内容を追う。かつ、response「応答」から、前文の「**簡単なドイツ語で出された複雑な質問、例えば『もし今月の8日が火曜日なら、次の金曜日は何日になる？』のようなものを理解できるだけではなく、ひづめを使って正しい回数をたたくことで、それらに答えることができた**」が設問の解答の該当箇所とわかる。問題の指示は、「どのような問題」と「どのように答えたか」なので、「もし～なら何日になる？」と「**ひづめを使って正しい回数をたたく**」が正解。

設問2

　設問1と同様に、thisは基本的に直前を指す。かつ、下線部(2)を含む文は、「このことは委員会を満足させなかった」なので、Thisは「委員会を満足させなかった」ものとわかる。前文の「彼らは1904年に何の仕掛けもないと結論を下した」が設問の該当箇所とわかる。あとは、問

題の指示文で「具体的に説明」とあるので、抽象的な表現を具体化する。

解法 POINT ❸ 内容説明問題

下線部の内容を具体的に説明しなさいという**内容説明問題の解法**を紹介します。まずは、**下線部の抽象的な表現はどこなのかを探し出します**。抽象表現を見つけたら、**具体表現を探し出します**。

下線部の該当箇所は、they concluded in 1904 that no trick was involvedなので、まずは**theyが具体的に誰を指しているのかを特定**する。theyは、前文の「**ドイツ教育庁が任命したサーカスの調教師、獣医、教師、心理学者を含めた委員会**」とわかる。次に、「何の仕掛けもなかった」は、「何に対する仕掛け」かを特定すると「**ハンスの計算などの認知能力**」とわかるので、この２つを具体化した表現が正解になる。

・・・・・・・・・・・・・・・・・・・・・・・・・・・・・・・・・・・・

設問3

下線部(3) such cues「そのような手がかり」とあるので、これより前の文から、「手がかり」と言える表現を探し出す。

論理 POINT ❸ such ＋ 名詞は抽象の目印

通常の英語の情報の伝え方は、まず**抽象表現があって、それを具体化していく形**になります。この説明手法を論理学用語では、演繹と言います。**such ＋ 名詞は、例外的にこの流れと反して、前に出てきた具体表現を抽象化するという説明手法**になります。すなわち、**such ＋ 名詞を見たら、これより前にその具体表現を探します**。

下線部(3)の２つ前の文で、「人間の質問者は、正解が近づいてくると、ハンスがたたくのをやめる手がかりとなるように、わずかに姿勢を変化させるということが明らかになった」から、such cuesは、「人間が姿勢を変えることで与える、ハンスがひづめでたたく回数についての手がかりのこと」とわかる。

1 環境論

2 教育論

3 心理学

4 言語論

5 幸福論

6 心理学

7 社会論

8 国際関係論

9 宇宙論

10 心理学

構文図解

Remarkably, [even after Pfungst had unmasked this trick], he
　　　M　　　　　　　　　　　　　　　　　　　　　　　　　　　　　　　　　S

was unable to stop ＜generating such cues＞ himself.
　　　V　　　　　　　　　動名詞「～すること」　　　　O　　　　M

　下線部(3)全体は、even after から副詞節が始まり、trick までの意味のカタマリを作って、動詞のwas unable to stop を修飾する。generating が動名詞で名詞句を作って、cues までの意味のカタマリで stop に対する目的語となっている。

設問4

　下線部(4)の含まれる文が、「クレバーハンス効果」を説明しているので、まずはこの文を正しく理解する。

構文図解

The "Clever Hans effect" revealed both the acuity (of animal
　　　　　S　　　　　　　　V　　　　　O　　　　　M

social perception), and the inability (of humans) (to suppress
　　　　　　　　　　　both A and B　　　O　　　　M　　　　不定詞　形容詞的用法
　　　　　　　　　　　　　　　　　　　　　　　　　　　　　the inability ～ to do

unconscious cues) ― [both highly significant findings].
　　　　　　　　　　　　　　　　　　　M

　特に、the inability of humans to suppress ～は日本語に訳しにくい。これは、**名詞構文**という特殊な表現。**humans を主語、inability を be unable として、to suppress 以下をつなげる**と「人間が無意識のサインを抑えられないこと」と、きれいな日本語になる。

1
環境論

2
教育論

3
心理学

4
言語論

5
幸福論

6
心理学

7
社会論

8
国際関係論

9
宇宙論

10
心理学

構文 POINT ❾ 名詞構文

英語は名詞が好きな言語で、日本語は動詞が好きな言語なので、このギャップを埋める技術が名詞構文と言われる技術です。

（例文）

I was surprised at **her ability to speak** English.

🈫 私は彼女が英語を話せることに驚いた。

her を **S**、**the ability to speak English** を **be able to speak English** に読みかえます。よって「**彼女が英語を話せること**」と訳します。

下線部(4)を含んだ箇所をもとにまとめると、「**クレバーハンス効果とは、人間が無意識のサインを抑えられず、動物がそれを感じ取って行動に移す効果のこと**」が正解。

[At the turn of the twentieth century], a remarkable horse (named
M ・・・・・・・・・・・・・・・・ S 過去分詞の名詞修飾

Hans) was paraded [through Germany] [by his owner Wilhelm von
M V M M

Osten, a horse trainer and high-school mathematics teacher]. Not
同格のカンマ「すなわち」 M

only could "Clever Hans" understand complex questions (put to him
S V O 過去分詞の名詞修飾

in plain German) — " [If Tuesday falls on the eighth of the month,]
M M

what date is the following Friday?" — but he could answer them [by
C V S not only A but (also) B S V O M

tapping out the correct number] [with his hoof]. [Using this simple
道具のwith「～を使って」 M 分詞構文「～して」 M

response], it appeared [that Hans could add, subtract, multiply, and
S V M add, subtract, multiply, divide の接続

divide, tell the time, understand the calendar, and both read and
add～divide, tell the time, understand the calendar, both～words の接続

spell words]. Suspicious, the German board (of education) appointed
Being 省略の分詞構文 M S M V

a commission, (including circus trainers, veterinarians, teachers, and
O 「～を含んだ」 M circus trainers, veterinarians, teachers, psychologists の接続

psychologists), to investigate the situation. Surprisingly, they
to do M S

concluded [in 1904] ＜that no trick was involved＞. This did not satisfy
V M 名詞節の that O S V

the board, and the case was passed [to psychologist Oskar Pfungst]
O S V M

[for experimental investigation]. [Braving both the horse's and
M 分詞構文「～して」 M

owner's notoriously bad tempers], Pfungst finally was able to
S M V

demonstrate ＜that Hans was no mathematician, but rather a fine
名詞節の that not[no] A but (rather) B「AではなくてB」

observer of human behavior＞.
O

72

1 環境論
2 教育論
3 心理学
4 言語論
5 幸福論
6 心理学
7 社会論
8 国際関係論
9 宇宙論
10 心理学

本文訳

　20世紀の転換期に、ハンスという名前の注目すべき馬が、馬の調教師であり高校の数学の先生である飼い主のヴィルヘルム・フォン・オーステンと、ドイツ中を回った。「クレバーハンス」は、簡単なドイツ語で出された複雑な質問、例えば「もし今月の8日が火曜日なら、次の金曜日は何日になる？」のようなものを理解できるだけではなく、ひづめを使って正しい回数をたたくことで、それらに答えることができた。この簡単な応答を使って、ハンスは足し算、引き算、掛け算、そして割り算や時間を告げたり、カレンダーを理解したり、単語の読み書きの両方ができるように思えた。疑問を抱いたので、ドイツ教育庁は、サーカスの調教師、獣医、教師、そして心理学者からなる委員会を任命して、その状況を調査させた。驚くことに、彼らは1904年に何の仕掛けもないと結論を下した。教育庁はこの結果に満足せずに、この事例は実験を兼ねた調査のために、オスカー・フングストに回ってきた。馬と飼い主の周知となっている機嫌の悪さに挑み、フングストはとうとうハンスは数学家ではなくて、人間の行動をしっかりと観察していたと証明することができた。

語 彙 リ ス ト

turn	名 転換期	multiply	動 掛け算をする
remarkable	形 注目すべき	divide	動 割り算をする
parade	動 行進させる	spell	動 綴る
owner	名 飼い主	suspicious	形 疑って
trainer	名 調教師	board	名 庁
complex	形 複雑な	appoint O to do	動 Oを任命して~させる
plain	形 簡単な	commission	名 委員会
fall on	熟 ~にあたる	including	前 ~を含んで
date	名 日付	psychologist	名 心理学者
following	形 次の	investigate	動 調査する
tap out	熟 たたく	conclude	動 結論を下す
correct	形 正しい	trick	名 仕掛け
hoof	名 ひづめ	involve	動 巻きこむ
response	名 応答	brave	動 勇敢に立ち向かう
It appears that ~	熟 ~に思える	notoriously	副 周知のように
add	動 足し算をする	temper	名 機嫌
subtract	動 引き算をする	demonstrate	動 証明する

▶単語10回CHECK 1 2 3 4 5 6 7 8 9 10

[In a story now told to countless "Intro Psych" students], Pfungst
　　　　　過去分詞の名詞修飾　　　　　　　　　　M　　　　　　　S
demonstrated <that Hans could only answer questions correctly
　　　V　　　　　名詞節の that　　　　　　　　　　O
when: (i) the questioner knew the answer; and (ii) Hans could see

the questioner>. It gradually became clear <that human questioners
　　　　形式主語の it S　　M　　　V　　　C　名詞節の that　　　S′
(not just von Osten, but naive individuals, and even Pfungst himself)
　　　not just A but (also) B「A だけでなく B も」
made tiny postural changes as the correct answer approached,
　　　　　　　　　　　　　　時の as「～とき」
providing the cue for Hans to stop tapping>. Hans, it turned out,
分詞構文「～しながら」　不定詞の主語　不定詞 形容詞的用法　　M　S　　V
excelled not at arithmetic, but at "reading" human behavior.
　　M　　not A but B
Remarkably, [even after Pfungst had unmasked this trick], he was
　　M　　　　　　　　　M　　　　　　　　　　　　　　　　S　V
unable to stop <generating such cues> himself. The "Clever Hans
　　　　　　　動名詞「～すること」　O　　　　M　　　　　S
effect" revealed both the acuity (of animal social perception), and the
　　　　　V　　　　　O　　　　　　M　　　　　　　　both A and B
inability (of humans) (to suppress unconscious cues) — [both highly
　O　　　　M　　　不定詞 形容詞的用法 the inability ～ to do　M　　　　M
significant findings].

現在「心理学入門」をとる無数の学生に伝えられる話では、フングストはハンスが（ⅰ）質問者が答えを知っているとき、そして（ⅱ）ハンスから質問者が見えるときにだけ、正しく質問に答えることができることを証明した。次第に明らかになっていったのは、人間の質問者（フォン・オーステンだけではなく、素人やフングスト自身でさえ）は、正解が近づいてくると、ハンスがたたくのをやめる手がかりとなるように、わずかに姿勢を変化させるということだった。ハンスは算数が得意なのではなくて、人間の行動を「読み取る」のに秀でていると判明した。注目すべきことに、フングストがこの仕掛けの謎を解いた後でさえ、自分でそのような手がかりを生み出すことをやめられなかった。「クレバーハンス効果」は、動物の社会認知能力の鋭さと、人間が無意識のサインを抑えられないことを明らかにして、両方ともとても重要な発見だった。

1 環境論
2 教育論
3 心理学
4 言語論
5 幸福論
6 心理学
7 社会論
8 国際関係論
9 宇宙論
10 心理学

語 彙 リ ス ト

☐ countless	形 無数の	☐ excel	動 秀でる
☐ questioner	名 質問者	☐ arithmetic	名 算数
☐ gradually	副 徐々に	☐ remarkably	副 注目すべきことに
☐ naive	形 素人の	☐ unmask	動 暴く
☐ individual	名 個人	☐ generate	動 産み出す
☐ tiny	形 わずかな	☐ reveal	動 明らかにする
☐ postural	形 姿勢の	☐ acuity	名 鋭さ
☐ approach	動 近づく	☐ perception	名 認知
☐ provide	動 与える	☐ suppress	動 抑圧する
☐ cue	名 手がかり	☐ unconscious	形 無意識の
☐ turn out	熟 判明する	☐ significant	形 重要な

▶ 単語10回CHECK 1 ☐ 2 ☐ 3 ☐ 4 ☐ 5 ☐ 6 ☐ 7 ☐ 8 ☐ 9 ☐ 10 ☐

At the turn of the twentieth century, a remarkable horse named Hans was paraded through Germany by his owner Wilhelm von Osten, a horse trainer and high-school mathematics teacher. Not only could "Clever Hans" understand complex questions put to him in plain German — "If Tuesday falls on the eighth of the month, what date is the following Friday?" — but he could answer them by tapping out the correct number with his hoof. Using this simple response, it appeared that Hans could add, subtract, multiply, and divide, tell the time, understand the calendar, and both read and spell words. Suspicious, the German board of education appointed a commission, including circus trainers, veterinarians, teachers, and psychologists, to investigate the situation. Surprisingly, they concluded in 1904 that no trick was involved. This did not satisfy the board, and the case was passed to psychologist Oskar Pfungst for experimental investigation. Braving both the horse's and owner's notoriously bad tempers, Pfungst finally was able to demonstrate that Hans was no mathematician, but rather a fine observer of human behavior. In a story now told to countless "Intro Psych" students, Pfungst demonstrated that Hans could only answer questions correctly when: (ⅰ) the questioner knew the answer; and (ⅱ) Hans could see the questioner. It gradually became clear that human questioners (not just von Osten, but naive individuals, and even Pfungst himself) made tiny postural changes as the correct answer approached, providing the cue for Hans to stop tapping. Hans, it turned out, excelled not at arithmetic, but at "reading" human behavior. Remarkably, even after Pfungst had unmasked this trick, he was unable to stop generating such cues himself. The "Clever Hans effect" revealed both the acuity of animal social perception, and the inability of humans to suppress unconscious cues — both highly significant findings.

実験者期待効果

クレバーハンスの実験の話はとても有名で、過去の大学入試の題材にも何度か登場しています。クレバーハンスの実験が、心理学の世界で応用された表現が、*experimenter expectancy effect*「実験者期待効果」と呼ばれるものです。

実験者期待効果とは、実験者が持つ特定の期待が、被験者に意図的ではない信号を送り、それにより被験者が実験者の期待と一致する方法で反応し、結果として実験者の期待どおりの結果を生むかもしれない効果のことです。

ロバート・ローゼンタールという人が、この実験者期待効果を実証したことで知られています。ある実験において、被験者である学生の一部が、高い知能が備わるように特別に育てられたラットを使って作業すると言われました。一方で、残りの学生は、学習能力が鈍くなるように育てられたラットを使って作業すると言われました。

ラットが迷路を素早く攻略する実験で、高い知能のラットだと言われた学生たちは、学習能力が鈍いと言われたラットをあてがわれた学生の報告時間よりも、かなり短い攻略時間を報告しました。

実際には、ラットに能力の優劣はなく、標準的なラットを無作為にあてがわれただけでした。一方で、優秀なラットと言われて、実際よりも短い攻略時間を報告した学生たちも、意図的に結果をゆがめたり、嘘の報告をしたりしたわけではなく、無意識にそうした結果を導いたということでした。

この実験者期待効果は、各種実験の世界では一種の脅威とみなされているので、それを防ぐ手立てとして、*double-blind method*「二重盲検法」と呼ばれる手立てがとられています。二重盲検法とは、**実験者も被験者もその研究の仮説を知らない前提**のことを言います。例えば、薬の効果を正しく測るために、一方のグループには試験薬を与えて、他方のグループには偽薬を与えるが、どちらにどの薬を与えたかは、実験者も被験者も知らないことで、結果を正しく判定する方法のことです。

1 環境論

2 教育論

3 心理学

4 言語論

5 幸福論

6 心理学

7 社会論

8 国際関係論

9 宇宙論

10 心理学

好感度のメリット

別冊 p.20／制限時間 20分／ **324 words**

解答

Q1 （1）D　（2）B　（3）A　（4）B

Q2 the likable and the status seekers

Q3 C

Q4 好感度は人生のプラスの結果と関係しているだけではなく、好感度が原因となってそうした結果が生まれていると彼は言った。

解説

Q1

「(A)−(D) の4つの選択肢の内、(1)−(4) の単語の意味にもっとも近いものはどれか」

（1）　固める（段落B）

　（A）　補う　　（B）　コンクリートで固める

　（C）　壊す　　（D）　確実にする

　cement は日本語のセメントからイメージできるように、固まるもの。動詞で「**固める**」の意味があるので、**(D) ensure「確実にする」**が正解。

（2）　育まれる（段落B）

　（A）　忘れられて　　（B）　育まれて

　（C）　無視されて　　（D）　購入されて

　cultivate「耕す」は、「友情」や本文の「資質」などを目的語にとると「育む」の意味になるので、**(B) fostered「育まれて」**が正解。

> **語彙 POINT ❺** culは「耕す」

　cul「耕す」から、cultivate「耕す」や「育む」の意味になります。そもそもcultureは、思想・芸術・道徳・宗教など心を「耕したもの」から、「文化」の意味になります。ほかにも、agricultureはagri「畑」＋ cul「耕す」から「農業」の意味です。colonyも、「未開の土地を耕したもの」から、「植民地」の意味になります。

（3）　出現する（段落B）
　（A）　出現する　　（B）　理解する
　（C）　届く　　　　（D）　取り出す
emerge「出現する」と同義なのは、（A）come out「出現する」。

> **語彙 POINT ❻** ex（e）は「外に」

　emerge = ex（e）「外に」＋ merge「顔を出す」＝「出現する」になります。exのxが欠けてeとなることもあります。ほかにも、exercise = ex「外に」＋ ercise「束縛(そくばく)」で、家畜などを「囲いの外に出す」ことから「運動させる」になりました。emitも、ex（e）「外に」＋ mit「送る」＝「放出する」になります。

（4）　人がうらやむ（段落C）
　（A）　驚かせる　　　（B）　望ましい
　（C）　興奮させる　　（D）　痛ましい
envy「うらやましく思う」＋ -able（受動）＝ enviable「うらやましがられる」＝「人がうらやむ」なので、（B）desirable「望ましい」が正解。

Q2

「プリンスタイン博士によると、2種類の人気のある人を何と呼ぶか。段落Bから引用して英語で答えなさい」
　段落Bの第1文「プリンステイン博士は、人気者を好感度の高い人と地位を追求する者という2つのカテゴリーに分類する」から、**the likable and the status seekers**が正解。two categoriesをコロンで具体化していることに着目する。

「段落Ｄの下線部の意味にもっとも近いものを（A）－（D）から1つ選びなさい」

（A）　クラスメイトは、地位の高い人たちにもより攻撃的になった。

（B）　最も好感度の低い10代の子たちは、地位の高い人たちにもより攻撃的になった。

（C）　地位の高い人たちも、クラスメイトにより攻撃的になった。

（D）　地位の高い人たちは、自分自身にもより攻撃的になった。

構文図解

We found ＜that the least well-liked teens had become more
S　 V　　　　名詞節のthat　　　　　　　　　　　　　　　　O

aggressive over time toward their classmates＞. But so had
　　　　　　　　　　　　　　　　　　　　　　　　　　　M　 V

those（who were high in status）.
　S　　　　　　M

　～, so VS.「～だ、またＳもＶする」とsoの後ろが倒置していることに注意する。those who「～する人々」が使われている。前文の内容を受ける表現なので、「地位の高い人たちもそうだった」で、「そうだった」とは「クラスメイトたちにより攻撃的になる」ことを意味するので、（C）が正解。

構文 POINT ⑩　soの後ろの倒置

　～, so VS.「～だ、またＳもＶする」と、**前文を受けてsoの後ろで倒置が起きる**ことがあるのに注意する。

（例文）

I speak English, **so does my daughter**.

訳 私は英語を話すし、娘も話す。

　英文の情報構造は、旧情報から新情報へと流れるので、いちばん強調したいmy daughterを後ろに持ってくる表現です。

Q4

「段落Eの下線部を日本語に訳しなさい」

> 構文図解
>
> Not only does likability correlate to positive life outcomes, but
> ▲ not only が文頭に出たら後ろは倒置　　　　　　　　O
> it is also responsible, he said, for those outcomes, too.
> ▲ likabilityを指す　　　　S　V

　not only A but (also) B「AだけではなくBも」の熟語が使われている。not only が文頭に出てきたら、**後ろが倒置（疑問文の語順）になることに注意**する。後ろの **be responsible for** は本問のように**因果関係を作る**ことにも注意する。

構文 POINT ⑪　be responsible forは因果関係を作る

　be responsible for は一般的な訳は「**〜に責任がある**」だが、**因果関係を作ること**ができます。
（例文）
The dictator **was responsible for** the deaths of millions.
訳 その独裁者のせいで、何百万人も亡くなった。
　the dictator が**マイナスの結果を引き起こす原因**にあたるので、「**〜のせいで**」と訳します。of を主格ととらえて、millions を S′、deaths を V′ として「何百万人が亡くなった」とすると、きれいな日本語になります。

　本問でも、it が likability を指すので、「その好感度が原因となってそうした結果が生まれた」と訳す。

1 環境論
2 教育論
3 心理学
4 言語論
5 幸福論
6 心理学
7 社会論
8 国際関係論
9 宇宙論
10 心理学

Popularity is a well-explored subject (in social psychology). The
S   V   C   M   S

latest thinking is parsed [by Mitch Prinstein, a professor and director
        V   M   同格のカンマ「すなわち」

of clinical psychology at the University of North Carolina at Chapel

Hill], [in his forthcoming book, "Popular: The Power of Likability in
                  M

a Status-Obsessed World]," and [in his currently running free online
         in his ~ book ... とin his ~ course の接続   M

course].

   Dr. Prinstein sorts the popular [into two categories : the likable and
      S   V   O   M   同格を表すコロン「すなわち」

the status seekers]. The likables' plays-well-with-others qualities
              S   they (The ~ qualities) are の省略

cement schoolyard friendships, boost interpersonal skills and, [when
  V   O   V   O cement ~, boost ~, are employed ~の接続

cultivated early], are employed [ever after in business and even
      M   V   「その後ずっと」   M

romance]. Then there's the kind of popularity (that emerges in
       M   M V   S   関係代名詞のthat

adolescence): status born of power and even notorious behavior.
             過去分詞の名詞修飾   S′

[Enviable as the cool kids may have seemed], Dr. Prinstein's
     譲歩のas   M   S

studies show negative consequences. Those (who were highest in
   V   O   S those who「~する人々」 M

status in high school), [as well as] those (least liked in elementary
  B as well as A「AだけでなくBも」 M   S   M   過去分詞の名詞修飾

school), are "most likely to engage in dangerous and risky behavior,"
          V   O

(like smoking cigarettes and using drugs).
    前置詞のlike「~のような」   M

　大衆性は、社会心理学でよく探求された話題だ。最新の考えが、チャペル・ヒルのノースカロライナ大学の臨床心理学の教授兼局長であるミッチ・プリンステインによる、出版予定の本『人気のある：地位に取りつかれた世界での好感度の力』や彼の現在開講している無料のオンライン授業で、分析されている。

　プリンステイン博士は、人気者を好感度の高い人と地位を追求する人という2つのカテゴリーに分類する。好感度の高い人が持つ他人とうまくやれる資質は、学内での友情を確かなものにして、対人技術を高めて、早期に持っていると、ビジネスの世界や恋愛でさえ、取り入れることができる。そして、青年期に現れる人気の類だ。腕っぷしや、ときに悪ぶった行いから生まれる地位だ。

　賢い子供は人がうらやむと思えるかもしれないが、プリンステイン博士の研究によると、マイナスの結果を示している。小学校で最も好かれなかった人だけでなく、高校で最も高い地位にいた人は、タバコを吸ったり、ドラッグを使ったりするような"危険でリスクを伴う行いをする可能性がとても高い"。

popularity	名 人気、大衆性		category	名 範疇
explore	動 探求する		seeker	名 探求者
subject	名 主題		cement	動 固める
latest	形 最新の		boost	動 高める
parse	動 分析する		interpersonal	形 対人の
professor	名 教授		cultivate	動 育む
director	名 所長		employ	動 採用する
clinical psychology	名 臨床心理学		romance	名 恋愛
forthcoming	形 来たる		emerge	動 出現する
likability	名 好感度		adolescence	名 青年期
obsessed	形 取りつかれた		notorious	形 悪名高い
currently	副 現在		enviable	形 人がうらやむ
free	形 無料の		negative	形 否定的な
sort A into B	熟 AをBに分類する		consequence	名 結果

▶単語10回CHECK　1　2　3　4　5　6　7　8　9　10

[In one study], Dr. Prinstein examined the two types (of
M 　　　　　　　　S　　　　　V　　　　　　　O　　　　M
popularity) [in 235 adolescents], [scoring the least liked, the most
　　　　　　　M　　　　　　　　分詞構文「～して」　　　M
liked and the highest in status based on student surveys]. "We found
the least liked, the most liked, the highestの接続　分詞構文「～して」　S　V
<that the least well-liked teens had become more aggressive over
名詞節のthat　　　　　　　　　　　　　O
time toward their classmates>. But so had those (who were high in
　　　　　　　　　　　　　　　　M　V　S　　　　M
status). It was a nice demonstration <that while likability can lead
形式主語のit S　V　　　　　C　　　　名詞節のthat　譲歩のwhile「～だけれども」
to healthy adjustment, high status has just the opposite effect on
　　　　　　　　　　　　　S′
us>."

　　　Dr. Prinstein has also found <that the qualities that made the
　　　　S　　　　　　V　　　　　名詞節のthat　　O　　　関係代名詞のthat
neighbors want you on a play date — sharing, kindness, openness —

carry over to later years and make you better able to relate and
the qualitiesに対応するV
connect with others>. [In analyzing his and other research], Dr.
　　　　　　　　　　　　in doing「～する際に」　　　M　　　　　S
Prinstein came [to another conclusion]: Not only does likability
　　　　V　　　　　　M　　　　　not only が文頭に出たら後ろは倒置
correlate to positive life outcomes, but it is also responsible, he said,
　　　　　　　　O　　　　likabilityを指す　　　　S　V
for those outcomes, too. "Being liked creates opportunities for
　　　　　　　　　　　　動名詞　　　　　　O₂
learning and for new kinds of life experiences that help somebody
　　　　　　　　　　　　　　　　　　　　　関係代名詞のthat
gain an advantage," he told me.
　　　　　　　　S　V　O₁

1 環境論
2 教育論
3 心理学
4 言語論
5 幸福論
6 心理学
7 社会論
8 国際関係論
9 宇宙論
10 心理学

本 文 訳

　ある研究では、プリンステイン博士は、学生調査に基づいて、最も好かれていない人、最も好かれている人、最も地位の高い人の点数を付けて、2種類の人気の調査を235人の10代の若者に実施した。「私たちは、最も人気のない10代の子は、時間とともにクラスメイトたちにより攻撃的になることがわかった。しかし、地位の高い子たちもそうだった。好感度が健全な適応につながる可能性はあるけれども、高い地位が私たちにちょうど反対の影響をもたらすことは、すごい証明であった。」

　プリンステイン博士はまた、隣人があなたを遊びに誘いたくなる資質、例えば共有、親切さ、率直さなどは後年に引き継がれて、他者とより良い関係を築いて、つながりを持つことができるようになることがわかった。彼の研究や、ほかの研究を分析していると、プリンステイン博士は、もう1つの結論に達した。すなわち、好感度は人生のプラスの結果と関係しているだけではなく、好感度が原因となってそうした結果が生まれていると彼は言った。「好かれることで、学びの機会や新たな人生経験の機会が作られて、そのおかげで、有利になる人がいる」と彼は私に教えてくれた。

語 彙 リ ス ト

examine	動 調査する	carry over	熟 引き継がれる
score	動 得点を付ける	relate	動 関係を作る
based on	熟 ～に基づいて	connect	動 つながる
survey	名 調査	analyze	動 分析する
teen	名 10代 (13~19歳)	come to a conclusion	熟 結論に達する
aggressive	形 攻撃的な	correlate	動 関係する
demonstration	名 証明	outcome	名 結果
lead to	熟 引き起こす	responsible	形 責任のある
adjustment	名 適応	opportunity	名 機会
have an effect on	熟 ～に影響を与える	help O do	動 Oが～するのを助ける
opposite	形 反対の	gain	動 手に入れる
neighbor	名 隣人	advantage	名 利点
openness	名 率直さ		

▶ 単語10回CHECK　1 □　2 □　3 □　4 □　5 □　6 □　7 □　8 □　9 □　10 □

Popularity is a well-explored subject in social psychology. The latest thinking is parsed by Mitch Prinstein, a professor and director of clinical psychology at the University of North Carolina at Chapel Hill, in his forthcoming book, "Popular: The Power of Likability in a Status-Obsessed World," and in his currently running free online course.

Dr. Prinstein sorts the popular into two categories: the likable and the status seekers. The likables' plays-well-with-others qualities cement schoolyard friendships, boost interpersonal skills and, when cultivated early, are employed ever after in business and even romance. Then there's the kind of popularity that emerges in adolescence: status born of power and even notorious behavior.

Enviable as the cool kids may have seemed, Dr. Prinstein's studies show negative consequences. Those who were highest in status in high school, as well as those least liked in elementary school, are "most likely to engage in dangerous and risky behavior," like smoking cigarettes and using drugs.

In one study, Dr. Prinstein examined the two types of popularity in 235 adolescents, scoring the least liked, the most liked and the highest in status based on student surveys. "We found that the least well-liked teens had become more aggressive over time toward their classmates. But so had those who were high in status. It was a nice demonstration that while likability can lead to healthy adjustment, high status has just the opposite effect on us."

Dr. Prinstein has also found that the qualities that made the neighbors want you on a play date — sharing, kindness, openness — carry over to later years and make you better able to relate and connect with others. In analyzing his and other research, Dr. Prinstein came to another conclusion: Not only does likability correlate to positive life outcomes, but it is also responsible, he said, for those outcomes, too. "Being liked creates opportunities for learning and for new kinds of life experiences that help somebody gain an advantage," he told me.

権力の堕落

簡単に言うと、**人は権力を持つと堕落するようにできている**ということです。心理学者のデヴィット・キプニス氏は、ある実験において2種類の管理者を作りました。一方は、作業指示に加えて、部下の賃金の上下、配置転換、解雇などの強い権限が与えられたグループ。もう一方が、通常の作業指示のみの弱い権限しか与えられていないグループです。

結果、弱い権限を持った管理者のグループは、部下の仕事を正当に評価して、部下からの評価も高いものでした。一方で、強い権限を持った管理者のグループは、権力を乱用して、脅迫や配置転換、賞罰などによって、部下を無理やり動かそうとしました。部下からの評価は当然低いものに終わり、かつ仕事の業績を、管理者自身によるものだと勘違いをする人たちがほとんどでした。

また、もう一人の心理学者のアダム・ガリンスキー氏は、被験者を2つのグループに分けました。一方は自分が大きな権力を手にした経験を語るグループ、もう一方が自分の無力感を語るグループです。そして、双方のグループに、自分のおでこにEの文字を書くように指示しました。権力を手にした経験を語ったグループは、自分を中心に見たEの文字を、無力感を話したグループは、相手から見たEの文字をおでこに書いたそうです。

権力を握ると人に嫌われる理由は、他者への共感能力が低くなるからということを実証する実験です。**権力を手にすると自分中心で、相手への配慮ができないので嫌われる。権力がないと相手への共感能力があるので、相手を気遣ってあげられる**ことを実証した実験でした。

「実るほど頭を垂れる稲穂かな」ということわざがあります。偉くなって、高い地位や権力を手にしても、常に謙虚でいる姿勢が大切なのでしょう。

1 環境論

2 教育論

3 心理学

4 言語論

5 幸福論

6 心理学

7 社会論

8 国際関係論

9 宇宙論

10 心理学

解答

設問1 国際法は、国家間で資源が不平等に共有されて、富、自由、幸福といった点で、国民や個人が不平等を強いられる多様で複合的な国際社会を統治しようとしている。

設問2 (2) referred　(3) being　(4) settling

設問3 B

設問4 (a) F　(b) F　(c) T　(d) F

解説

設問1

構文図解

diverse and plural の and がカンマになった形

international law has sought ＜to rule a diverse, plural
　　　S　　　　　　V　　　　不定詞 名詞的用法　　　　O
international society in which resources are unequally shared
　　　　　　　　　　　in which から形容詞節が始まり a ～ society を修飾
among states, and populations and individuals are unequally
resources ～ states と populations ～ well-being の接続
endowed in terms of their wealth, freedom and well-being＞
　　　　　　　　　　wealth, freedom, well-being の接続

　seek to do「～しようとする」で、try to do と同じ意味の表現。a diverse, plural ～は、元々 a diverse and plural ～の and がカンマになった形。**in which から関係詞の意味のカタマリが始まり、well-being までの形容詞節を作り**、a diverse, plural international society を修飾。endow は「授ける」の意味。in terms of「～の観点で」から前置詞句が始まり、動詞を修飾する。and は wealth, freedom, well-being の3つの接続。

設問2

　下線部(2)は、直前にbe動詞があり受動態だとわかるので、過去分詞の**referred**にする。refer to A as B「AをBと呼ぶ」の受動態で、A be referred to as Bの表現。

> **語彙 POINT ⑦ 短母音＋子音で終わる単語の過去形は子音を重ねる**
>
> 　referのように語尾が短母音＋子音で終わる単語の過去形は、最後の子音を重ねることがあります。短母音とは、aを[ei]と長母音で読むのではなく、[ɑ]と短い1音の母音で発音する読み方のことです。preferも**preferred**、occurも**occurred**、stopも**stopped**となるのに注意しましょう。

　下線部(3)は、**come into being**「**出現する**」の意味の熟語。beingは「存在」の意味で「存在した状態になる」＝「出現する」。下線部(4)は直前のofが前置詞なので動名詞にしてsettlingにする。**settle**はここでは「**解決する**」の意味。

> **語彙 POINT ⑧ settleの語源はseat「座らせる」**
>
> 　スペリングが似ているように、**settle**の語源はseat「座らせる」です。「怒っている人を座らせる」と「落ち着かせる」の意味が生まれて、「問題を落ち着かせる」と「**解決する**」の意味が生まれました。

設問3

　「しかし、それは自らを国際法から利益を得ることができる唯一の国家だとみなした、ヨーロッパやアメリカのほんの小さな集団に適用されることになった」

　まずは、**設問3**の英文に**be to 不定詞**「**～することになっている**」が使用されていることに注意する。空欄[B]の直前の文が「その最初の目的は、国際法の唯一の主体と考えられていた国家の法的権利や義務を統治することだった」で、該当文「当初の目的は国家の権利義務を統治することだったが、実態はヨーロッパやアメリカの国のみに適用」と**対比関係**になる。

　本文の initial の副詞の **initially は対比の目印になる**ことがあります。**「当初は〜だったが、後になると…」**と**時の対比**を作り出します。
（例文）
Initially, I thought she was guilty, **but** she was innocent.
　訳 当初は彼女が有罪だと思ったが、彼女は無罪だった。
　上の例文でも、Initially が後ろの but と呼応して、「当初は〜だったが、後になると…」という時の対比を作っています。

　そして、空欄［B］の後ろの **therefore** に着目すると、**因果関係も成立**する。「実態はヨーロッパやアメリカの国のみに適用されることになったので、2世紀以上の間、地球の4分の3を除外することになった」という因果関係に着目する。

論理 POINT ❺ 因果関係を作る表現（前置詞句と副詞編）

　本文の therefore「したがって」は、因果関係を作るので、要注意です。この単語を見たらどんな原因に対してどんな結果があるのかを確認します。因果関係を作る前置詞句、副詞をまとめます。
because of ／ due to ／ owing to ／ on account of「〜が原因で」
thanks to「〜のおかげで」／ **as a result**「結果として」
therefore ／ thus「したがって〜」

. . . .

設問4
（a）　1648年以降、国際法は全く変わっていない。
（b）　近代国家が確立した後に、国際法が考案された。
（c）　ヨーロッパは、法が政治的思想の分野でより高い地位を占める文化を育んできた。
（d）　国際法のせいで、ヨーロッパの国家は植民地を確立できなかった。

1 環境論

2 教育論

3 心理学

4 言語論

5 幸福論

6 心理学

7 社会論

8 国際関係論

9 宇宙論

10 心理学

解法 POINT ❹ スキャニング

　内容一致問題の解法には、スキャニングを使います。決して怪しいテクニックなどではなくて、英語ができる人たちが当然のように使っている技術の1つです。選択肢の正誤を判断するのに、本文中に該当箇所を求めますが、**選択肢の数字、固有名詞、登場頻度の少ない単語に着目して、本文の該当箇所を探す技術**です。

　（a）は、**1648**という具体的な年代をスキャニングする。**第1段落第3文**「国際法は、それが1648年のウェストファリア条約ではなくて、後に近代ヨーロッパが最盛期を迎えた18世紀に実際には出現したという点で、比較的最近の法律だ」と不一致なのでF。

　（b）は、**modern state had been consolidated**をスキャニングする。after「〜後に」が、**第2段落第2文**「それは、近代国家がヨーロッパで確立されるのと同時に出現した」と異なるので不一致で、F。

　（c）は、**political thought**をスキャニングする。**第1段落第4文**「この点において、それは文化、そしてヨーロッパの文化であり、法律が政治思想の領域で、優れた地位を与えられている」と一致するので、T。

　（d）は、**colonies**をスキャニングする。**第2段落最終文**「そして、それは文明化されたと思われていた国家のために用意されていたもので、世界の残りに対するヨーロッパの植民地主義を合法にさせていた」と不一致なので、F。

International law is a human practice (punctuated by a series of
　　　　S　　　　V　　　　　　C　　　　　　　過去分詞の名詞修飾　　　M
changes) (that have affected its forms and meanings in a process
　　　　　　　関係代名詞の that　　　　　　　　　　　M
that has been neither linear nor one-directional). It has continually
関係代名詞の that　　　　　　　　　　　international law を指す S　　　V
stirred up controversies (about its existence and its nature), some of
　　　　O　　　　　　　　　　　　M　　　　　　　　「その一部は」
which have become long-standing, others outmoded. International
　　V　　　　C　　　　　　　S　have become の省略　　　S
law is comparatively recent law, [in that it did not really emerge
　V　　M　　　　　C　　　　in that「～という点で」　　　M
with the Treaties of Westphalia of 1648 (even if its historiography

often cites that date) but later, in the eighteenth century when
　　　1648 を指す　　　　not A but B「A ではなくて B」
modern Europe was in its heyday]. [In this], it is a culture, a
　　　　　　　　　　　　　　　M　　S V　　C
European (and more broadly Western) culture, in which law is given
　　　　　　　C′　　　　　　　　　　　　　S　V
an eminent position [in the realm of political thought]. [Ever since
　　O　　　　　　　M　　　　　　　M
the eighteenth century], international law has sought <to rule a
　　　　　　　　　　　　　S　　　　　V 不定詞名詞的用法　O
diverse, plural international society in which resources are unequally
diverse and plural の and がカンマになった形　in which から形容詞節が始まり a ～ society を修飾
shared among states, and populations and individuals are unequally
　resources ～ states と populations ～ well-being の接続
endowed in terms of their wealth, freedom and well-being>.
　　　　　　　　　　　　wealth, freedom, well-being の接続

本 文 訳

　国際法は、直線的でも一方向でもない過程を経て、その形態や意味に影響を与えた一連の変化によって何度も中断されてきた人間の慣習である。それは絶えずその存在や性質について議論を呼び起こし、その中で、ずっと続いたものもあれば、すたれたものもある。国際法は、それが1648年のウェストファリア条約ではなくて（たとえ歴史記述がその日付を引用していたとしても）、後に近代ヨーロッパが最盛期を迎えた18世紀に実際には出現したという点で、比較的最近の法律だ。この点において、それは文化、そしてヨーロッパの（そしてもっと広く西洋の）文化であり、法律が政治思想の領域で、優れた地位を与えられている。18世紀からずっと、国際法は、国家間で資源が不平等に共有されて、富、自由、幸福といった点で、国民や個人が不平等を強いられる多様で複合的な国際社会を統治しようとしている。

語 彙 リ ス ト

international	形 国際的な	historiography	名 歴史記述
law	名 法律	cite	動 引用する
practice	名 慣習	heyday	名 最盛期
punctuate	動 何度も中断する	broadly	副 広く
a series of	熟 一連の	eminent	形 優れた
neither A nor B	熟 AもBも～ない	realm	名 領域
linear	形 直線的な	political	形 政治の
one-directional	形 一方向の	ever since	熟 ～からずっと
continually	副 継続して	seek to do	動 ～しようとする
stir up	動 掻き立てる	rule	動 支配する
controversy	名 議論	diverse	形 多様な
existence	名 存在	plural	形 複合的な
nature	名 性質	resource	名 資源
long-standing	形 持続性のある	unequally	副 不平等に
outmoded	形 すたれた	state	名 国家
comparatively	副 比較的	population	名 住民
in that	熟 ～という点で	endow	動 授ける
emerge	動 出現する	in terms of	熟 ～の観点で
treaty	名 協定	wealth	名 富
even if	熟 たとえ～でも	well-being	名 幸福

▶ 単語10回CHECK 1 2 3 4 5 6 7 8 9 10

1 環境論
2 教育論
3 心理学
4 言語論
5 幸福論
6 心理学
7 社会論
8 国際関係論
9 宇宙論
10 心理学

International law was first known [as the law of nations] [before it
　　　　　S　　　　　　V　　　　　　　　　M
　　　　　　　　　　　　　　　　　　　　international law を指す
came to be referred to more frequently as international law in the
　　　　　　　　　　　　M
　　　　　　　　　　　▼ international law を指す
nineteenth and twentieth centuries]. It came [into being] [at the
　　　　　　　　　　　　　　　　　　　S　　V　　　　M
same time as the modern state was being consolidated in Europe],
　the same A as B「Bと同じA」　　　　　　　　　　　M
and its initial purpose was <to govern the legal rights and duties of
　　　　S　　　　　　V　　不定詞　名詞的用法　　　　　C
states which were considered to be the only subjects of international
　　　　　　▼ international law を指す
law >. However, it was to be applied [to just a small group of
　　M　　　　　　S　　V　　　　　　　　　　　M
European and American states who regarded themselves as the only
　　　　　　　　　　　regard A as B「AをBとみなす」　▼ international law を指す
ones capable of benefiting from international law]. It was therefore
　　capable から形容詞のカタマリが始まり、ones を修飾　　　S　V　　　M
to exclude three-quarters (of the planet) [for more than two
be to 不定詞「運命」　O　　　　　　M　　　　　　　M
centuries], [thereby establishing discrimination among states in
　　　　　分詞構文「そして〜」　　　　　M
terms of their legal standing that is inseparable from its history].
　　　　　　　　　　　　　　関係代名詞の that
Three characteristic features (of its historical evolution) shall be
　　　　　S　　　　　　　　　　　M　　　　　　　V
surveyed here: it was a liberal pluralist system (of law) (made up of
　　　　　M　S V　　　　　　C　　　　　M　過去分詞の名詞修飾
a hard core of fundamental rights and duties of states) (section I); it
　　　　　　　　　M　　　　　　　　　　　　　　　　　　S
authorised states to resort to war individually as a means of settling
　V　　　　O　　to do
disputes (section II); and it was reserved [to those states that were
　　　　　　　　　　S　　V　　　　　　関係代名詞の that　　M
considered civilised], so [making European colonisation of the rest of
　　　　　　　　　　　分詞構文　　　　　　M
the world lawful] (section III).

1 環境論

2 教育論

3 心理学

4 言語論

5 幸福論

6 心理学

7 社会論

8 国際関係論

9 宇宙論

10 心理学

//////// 本 文 訳 ////////

　国際法は、19世紀や20世紀により頻繁にそう呼ばれるようになる前に、国家の法律として最初は知られていた。それは、近代国家がヨーロッパで確立されるのと同時に出現して、最初の目的は、国際法の唯一の主体と考えられていた国家の法的権利や義務を統治することだった。しかし、それは自らを国際法から利益を得ることができる唯一の国家だとみなした、ヨーロッパやアメリカのほんの小さな集団に適用されることになった。したがって、それは2世紀以上の間、それによってその歴史とは切り離せない法的な立ち位置の観点で、国家間の差別を確立して、地球の4分の3を除外していた。その歴史的進化の典型的な3つの特徴は、ここで調査されるだろう。それは、国家間の基本的な権利や義務の中心となる法律の自由主義かつ多元論者の制度であった（セクション1）。それは国家に、紛争解決の手段として個別に紛争に訴える権利を与えていた（セクション2）。そして、それは文明化されたと思われていた国家のために用意されていたもので、世界の残りに対するヨーロッパの植民地主義を合法にさせていた（セクション3）。

//////// 語 彙 リ ス ト ////////

be known as	熟 ～として知られている	feature	名 特徴
be referred to as	熟 ～と呼ばれる	evolution	名 進化
frequently	副 頻繁に	liberal	形 自由な
come into being	熟 出現する	pluralist	名 多元論者
consolidate	動 確立する	be made up of	熟 ～で構成されている
initial	形 最初の	core	名 芯
purpose	名 目的	fundamental	形 基本的な
govern	動 統治する	authorise	動 許可を出す
legal	形 法的な	resort to	熟 訴える
right	名 権利	individually	副 個々に
duty	名 義務	means	名 手段
subject	名 主題	settle	動 解決する
exclude	動 除外する	dispute	名 議論
the planet	名 地球	reserve	動 取っておく
thereby	副 それによって	civilise	動 文明化する
establish	動 確立する	colonisation	名 植民地化
discrimination	名 差別	the rest of	熟 ～の残り
inseparable	形 分けられない	lawful	形 合法の
characteristic	形 特徴的な		

▶ 単語10回CHECK　1　2　3　4　5　6　7　8　9　10

International law is a human practice punctuated by a series of changes that have affected its forms and meanings in a process that has been neither linear nor one-directional. It has continually stirred up controversies about its existence and its nature, some of which have become long-standing, others outmoded. International law is comparatively recent law, in that it did not really emerge with the Treaties of Westphalia of 1648 (even if its historiography often cites that date) but later, in the eighteenth century when modern Europe was in its heyday. In this, it is a culture, a European (and more broadly Western) culture, in which law is given an eminent position in the realm of political thought. Ever since the eighteenth century, international law has sought to rule a diverse, plural international society in which resources are unequally shared among states, and populations and individuals are unequally endowed in terms of their wealth, freedom and well-being.

International law was first known as the law of nations before it came to be referred to more frequently as international law in the nineteenth and twentieth centuries. It came into being at the same time as the modern state was being consolidated in Europe, and its initial purpose was to govern the legal rights and duties of states which were considered to be the only subjects of international law. However, it was to be applied to just a small group of European and American states who regarded themselves as the only ones capable of benefiting from international law. It was therefore to exclude three-quarters of the planet for more than two centuries, thereby establishing discrimination among states in terms of their legal standing that is inseparable from its history. Three characteristic features of its historical evolution shall be surveyed here: it was a liberal pluralist system of law made up of a hard core of fundamental rights and duties of states (section I); it authorised states to resort to war individually as a means of settling disputes (section II); and it was reserved to those states that were considered civilised, so making European colonisation of the rest of the world lawful (section III).

国際法とは何か

　国際法とは、本文にあったように、「**国と国の関係を規律する法**」のことです。例えば、日本と韓国間の争いを規律するのが国際法と思えばよいでしょう。

　本文にあったように、1648年のウェストファリア条約が締結されたことで、1618年からドイツを舞台に続いた三十年戦争が終わりました。カトリック教諸国と新教徒諸国の間の宗教戦争を終わらせて、国家は教会から独立しているという事実が認められました。これにより、**ヨーロッパ各国が互いに主権を承認して、国家を基本単位とする国際社会が確認**されました。これを国際法の起こり、国際社会の始まりとする説があります。

　国際法には、**条約**と**国際慣習法**があります。条約とは、国家間の文書による合意のことです。例えば1951年に締結されたサンフランシスコ平和条約などがあります。これは、第二次世界大戦におけるアメリカ合衆国を中心とする連合国諸国と日本との間の戦争状態を終結させるため両者の間で締結されたものです。一方で、国際慣習法とは、領土の不可侵や亡命者の保護といった多数の国家によって認められた、暗黙のうちに国際的なルールとなったものです。

　一方で、国際法には限界があります。世界には200近くの国が存在しますが、それらすべてを従わせる裁判所はありません。国際司法裁判所というものが存在しますが、裁判の主導権を握っているわけではなく、紛争国の同意を得て裁判を行い、判決を下したとしても、その判決の履行を強制することはできません。

　国内法は、違反した場合、制裁を加える政府が存在するので強制力を持っています。しかし、**国際法は、制裁を発動できる実体がなく、法といっても強制力を持ちません**。そういった意味で、本文にあったように、**国際法は垂直的法秩序というより水平的法秩序と言える**でしょう。国内法と比べて実効性は低いですが、国際法は、国際関係の複雑性を減らすのに有用だと認識されています。

1 環境論
2 教育論
3 心理学
4 言語論
5 幸福論
6 心理学
7 社会論
8 国際関係論
9 宇宙論
10 心理学

別冊 p.28／制限時間20分／**374 words**

解答

A.　(1) **d**　(2) **c**　(3) **d**　(4) **a**　(5) **d**　(6) **c**　(7) **c**
B.　**b, e**

解説

A.

（1）　a. 現れた　　b. 出現した　　c. 消えた　　d. 開催された
　空所(1)に対するSが、One of these seminarsなので、**d. took place**「開催された」が正解。

（2）　a. いつも　　b. かつて　　c. それ以来　d. だけれども
　空所(2)を含む文が、「（　2　）それについてほぼ毎日考えていた」なので、**現在完了形と相性の良いc. since「それ以来」が正解**。**since は単独で副詞として「それ以来」と使える点に注意する。**

　(3)は、「今日**に至るまで**、宇宙の膨張理論の進化と調査は、科学調査の最も活発で盛り上がる分野の1つである」から、**到達を意味するd. To**が正解。

（4）　a. 前　　　b. かつて　　c. 前方へ　　d. 過ぎて
　空所(4)を含む文は、**過去形で「〜前」を表したいので、a. ago**が正解。

（5）　a. ありうる　　　　　b. ひょっとしたら
　　　c. おそらく　　　　　d. ありえない
　dを入れると、「理論的に、これらの条件が**ありえない**ように思えた」ので結果として、後ろの文の「そこにグースの考えが入り込んできた」と、**前後が因果関係を作る**ので、**d. unlikely**が正解。空所(5)を含む文の前で、「一体なぜ初めのころの宇宙はそんなに単一で平坦だったの

か？」という強い疑問を示す表現からも、d. unlikely「ありえない」を正解と導ける。

1
環境論

2
教育論

3
心理学

4
言語論

5
幸福論

6
心理学

7
社会論

8
国際関係論

9
宇宙論

10
心理学

（6）　a. 離れて　　b. 前に　　c. 中に　　d. 越えて
「考えが**中に**入りこんでくる」から、**c. in**「中に」が正解。このinは**副詞のin**。

（7）　空所(7)の後ろのstars and galaxies が後ろのto evolve to ～という**不定詞の主語**なので、**c. for**が正解。

構文 POINT ⑫　準動詞の主語

準動詞の中でも**不定詞、動名詞の主語を表す方法**に注意します。
（例文1）
There's no need **for you** to hurry. 訳 あなたが急ぐ必要はない。
for youは不定詞**to hurry**の主語を表すので、「あなたが」と訳します。to hurryは不定詞の形容詞的用法で、needを修飾します。
（例文2）
Would you mind **my** smoking?
訳 タバコを吸ってもかまいませんか？
myは動名詞**smoking**の主語を表すので、「私が」と訳します。
Would you mind doing ～?「～は気にしますか？」＝「～してもいいですよね」と、了解を求める表現になります。

B.

a. アラン H. グースは、物理学と経済学の関係について話をした。
b. 「インフレーション」という用語は、ビッグバン後の宇宙の突然の膨張を意味する。
c. ほとんどの物理学者が、宇宙のインフレーション理論に反対するのは、それが物質やエネルギーの膨張を説明していないからだ。
d. 基本的なビッグバン理論は、初期における宇宙のゆっくりとした膨張を否定する。
e. グースは、宇宙は混沌のままに始まったが、その極端な膨張率によって、エネルギーの均等な分配や一定の形状を作ったと主張した。
f. 星や銀河は条件が整わないと、地球から見ることはできない。

a. は本文に記述なし。本文は、**第1段落第1文**の cosmology「宇宙学」の話が最後まで展開されている。

　b. は、**inflation をスキャニング**する。第1段落第2文「その用語（インフレーション）は、ビッグバンの後の最初の瞬間に起きたかもしれない異常なほど膨張が加速して、短時間に爆発することを指す」と一致するので正解。

　c. は本文に記述なし。

　d. は、**第2段落第2文**「ビッグバンの基本的な考えは、およそ137億年前に始まってからずっと、宇宙がゆっくりと膨張と冷却を続けているということだ」と矛盾するので不一致。

　e. は、**第3段落第4文**「彼は、たとえもし**宇宙が全くの混沌の状態**、すなわちエネルギーが非常に変化しながら拡散したり、ねじれた形状から始まったとしても、壮観なほどの成長速度によって、**エネルギーが均等に分散されるまで**拡散して、空間のカーブやねじれをまっすぐにしたのであろうと主張した」と一致するので、正解。選択肢 e に使われている **result in「～を引き起こす」**に注目する。

　f. は本文に記述なし。

構文 POINT ⑬　result in は因果関係を作る

　result in の訳は「～に終わる」ですが、**主語と目的語に因果関係を作る**ことに注意します。
　（例文）
　AI will **result in** the gradual disappearance of many jobs.
　訳 AIのせいで、多くの仕事が徐々になくなるだろう。
　result in が主語と目的語に因果関係を作ります。マイナスの結果を引き起こすので「～のせいで」と訳します。後ろの of は主格ととらえて、many jobs を S′、disappearance を V′ として、「多くの仕事が徐々に消える」と訳します。

1

環境論

2

教育論

3

心理学

4

言語論

5

幸福論

6

心理学

7

社会論

8

国際関係論

9

宇宙論

10

心理学

[Thirty years ago] Alan H. Guth, then a young physics researcher
　　　M　　　　　　　S　　同格のカンマ　M　　　　　S′
at Stanford University, gave (a series of) seminars (in which he
　　　　M　　　　　　　V　　　　M　　　　　O　　　　　M
introduced "inflation" into the terminology of cosmology — the science
　　　　　　　　　　　　　　　　　　　　　　　同格のダッシュ「すなわち」
of the origin and development of the universe). The term refers to a
　　　　　　　　M　　　　　　　　　　　　　　S　　　　V
brief burst (of unusually accelerated expansion that, he argued, may
　O　　　　　　　　　M　　　　　　　　　　関係代名詞のthat
have occurred during the first moments after the Big Bang). One (of
　　　　　　　　　　　　　　　　　　　　　　　　　　S
these seminars) took place [at Harvard University], where I myself
　　　M　　　　　V　　　　　　M　　　　　　, where「そしてそこで」S
was a researcher. I was immediately fascinated [by the idea], and I
　V　C　　S　　　V　　　　　　　　　　M　　inflationを指す　S
have been thinking about it [almost every day] since. Many (of my
　　　V　　　　inflationを指すO　　M　　　　M　　　S　　　M
colleagues) (working in different areas of physics) have been
　　　　　　　現在分詞の名詞修飾　　　M　　　　　　　V
similarly interested. [To this day] the development and testing (of
　　　　　　　　　　　　M　　　　　　　S
the inflationary theory of the universe) is one (of the most active and
　　　　　M　　　　　　　　　　　V　C　　　　M
successful areas of scientific investigation).

Its most important purpose is <to fill a gap in the original Big
　　　S　　　　　　　　V　　　不定詞 名詞的用法　　　C
Bang theory>. The basic idea (of the Big Bang) is <that the universe
　　　　　　　　S　　　　　　M　　　　　V　名詞節のthat　C
has been slowly expanding and cooling ever since it began some 13.7
　　　　　　　　　　　　　　　　　　　時のsince「〜以来」
billion years ago>. This process (of expansion and cooling) explains
　　　　　　　　　S　　　　　　M　　　　　　　V
many (of the detailed features of the universe seen today), but [with
　O　　　　　　　M　　　　　　　　過去分詞の名詞修飾　　　M
a problem]: the universe had to start off [with certain properties].
同格のコロン「すなわち」S　　　V　　　　　M

102

1 環境論
2 教育論
3 心理学
4 言語論
5 幸福論
6 心理学
7 社会論
8 国際関係論
9 宇宙論
10 心理学

本 文 訳

　30年前、アランH. グースは、当時スタンフォード大学の若い物理学の研究者で、「膨張」を宇宙の起源と発達を科学する宇宙論の用語に導入した一連のセミナーを開いた。その用語は、彼が言うには、ビッグバンの後の最初の瞬間に起きたかもしれない異常なほど膨張が加速して、短時間に爆発することを指す。これらのセミナーの1つがハーバード大学で開催されて、そこで私自身が研究者だった。すぐにその考えに魅了されて、それ以来、ほぼ毎日そのことを考えている。物理学の異なる分野で働く同僚の多くが、同様に興味を示していた。今日に至るまで、宇宙の膨張理論の進化と調査は、科学調査の最も活発で盛り上がる分野の1つである。

　その最も重要な目的は、元のビッグバン理論とのギャップを埋めることだ。ビッグバンの基本的な考えは、およそ137億年前に始まってからずっと、宇宙がゆっくりと膨張と冷却を続けているということだ。この膨張と冷却の過程が、今日見られる宇宙の詳細な特徴の多くを説明するが、1つ問題がある。すなわち、宇宙がある特質を持って始まらなければならなかったことだ。

語 彙 リ ス ト

physics	名 物理学	may have p.p.	熟 ～したかもしれない
researcher	名 研究者	moment	名 瞬間
a series of	熟 一連の～	take place	熟 開催される
seminar	名 セミナー	immediately	副 すぐに
introduce	動 導入する	fascinate	動 魅了する
inflation	名 (宇宙の)膨張	since	副 それ以来
terminology	名 専門用語	colleague	名 同僚
cosmology	名 宇宙論	similarly	副 同様に
origin	名 起源	theory	名 理論
universe	名 宇宙	investigation	名 調査
term	名 用語	purpose	名 目的
refer to	熟 言及する	fill	動 埋める
brief	形 短時間の	gap	名 溝
burst	名 爆発	detailed	形 詳細な
accelerate	動 加速する	feature	名 特徴
expansion	名 膨張	certain	形 ある
argue	動 主張する	property	名 特質

▶ 単語10回CHECK 1 2 3 4 5 6 7 8 9 10

[For instance], it had to be extremely uniform, [with only extremely
M the universe を指す S   V   C   M
tiny variations in the spreading of matter and energy]. Also, the
名詞節の that ▼   M   S
universe had to be geometrically flat, [meaning that curves and
          V   M   C   分詞構文「そして〜」   M
twists in the fabric of space did not bend the paths of light rays and

moving objects].

　But why should the early universe have been so uniform and flat?
      M   感情の should「一体」 S   V   C
Theoretically, these starting conditions seemed unlikely. That is
      M   S   V   C   S   V
<where Guth's idea came in>. He argued <that even if the universe
関係副詞「〜する場所」   C   S   V   名詞節の that   O
had started off in total chaos — with a highly changeable spreading

of energy and a twisted shape — a spectacular growth speed would

have spread out energy until it was evenly scattered, and
                          energy を指す
straightened out any curves and twists in space>. [When this period
                                                              M
of inflation ended], the universe would have continued <to expand
                          S   V   不定詞 名詞的用法
at the more modest speed of the original Big Bang theory> but now
                    O   M
[with just the right conditions for stars and galaxies to evolve to the
      M   不定詞の主語   不定詞 形容詞的用法 the right conditions を説明
state where we see them today].
関係副詞の where   stars and galaxies を指す

例えば、それは極度に単一で、物質とエネルギーの広がりにおいて、ほんのわずかな違いしかないものでなければならなかった。また、宇宙は幾何学的に平坦でなければならず、空間の構造内にあるカーブやねじれが、光線や動く物体の通り道を曲げないことを意味していた。

　しかし、一体なぜ初めのころの宇宙はそんなに単一で平坦であったのか？　理論的には、これらの始まりの条件はありえないように思えた。そこにグースの考えが入り込んできた。彼は、たとえもし宇宙が全くの混沌の状態、すなわちエネルギーが非常に変化しながら拡散したり、ねじれた形状から始まったとしても、壮観なほどの成長速度によって、エネルギーが均等に分散されるまで拡散して、空間のカーブやねじれをまっすぐにしたのであろうと主張した。この膨張期間が終わると、宇宙は元のビッグバン理論よりゆっくりとしたスピードで拡大を続けただろうが、星や銀河が今日見る状態にまで進化するのに、今ではちょうど適切な条件となっている。

英語	品詞	意味	英語	品詞	意味
extremely	副	極端に	theoretically	副	理論的に
uniform	形	一定の	unlikely	形	ありそうもない
tiny	形	ごくわずかの	even if	熟	たとえ～でも
variation	名	違い	chaos	名	混沌
spreading	名	拡散	spectacular	形	壮観な
matter	名	物質	growth	名	成長
geometrically	副	幾何学的に	spread out	熟	広げる
flat	形	平らな	evenly	副	均等に
curve	名	カーブ	scatter	動	ばらまく
twist	名	ねじれ	straighten	動	まっすぐにする
fabric	名	構造	continue to do	動	～し続ける
bend	動	曲げる	modest	形	控えめな
path	名	道	galaxy	名	銀河
ray	名	光線	evolve	動	進化する
object	名	物体			

Thirty years ago Alan H. Guth, then a young physics researcher at Stanford University, gave a series of seminars in which he introduced "inflation" into the terminology of cosmology — the science of the origin and development of the universe. The term refers to a brief burst of unusually accelerated expansion that, he argued, may have occurred during the first moments after the Big Bang. One of these seminars took place at Harvard University, where I myself was a researcher. I was immediately fascinated by the idea, and I have been thinking about it almost every day since. Many of my colleagues working in different areas of physics have been similarly interested. To this day the development and testing of the inflationary theory of the universe is one of the most active and successful areas of scientific investigation.

Its most important purpose is to fill a gap in the original Big Bang theory. The basic idea of the Big Bang is that the universe has been slowly expanding and cooling ever since it began some 13.7 billion years ago. This process of expansion and cooling explains many of the detailed features of the universe seen today, but with a problem: the universe had to start off with certain properties. For instance, it had to be extremely uniform, with only extremely tiny variations in the spreading of matter and energy. Also, the universe had to be geometrically flat, meaning that curves and twists in the fabric of space did not bend the paths of light rays and moving objects.

But why should the early universe have been so uniform and flat? Theoretically, these starting conditions seemed unlikely. That is where Guth's idea came in. He argued that even if the universe had started off in total chaos — with a highly changeable spreading of energy and a twisted shape — a spectacular growth speed would have spread out energy until it was evenly scattered, and straightened out any curves and twists in space. When this period of inflation ended, the universe would have continued to expand at the more modest speed of the original Big Bang theory but now with just the right conditions for stars and galaxies to evolve to the state where we see them today.

▶ 10回音読CHECK 1 2 3 4 5 6 7 8 9 10

ビッグバン理論とインフレーション理論

ビッグバン理論（**Big Bang theory**）とは、**宇宙は超高温高密度のいわゆる「火の玉」状態から始まり、それが大きく膨張することで低温低密度になっていったとする説**のことを言います。宇宙進化論の1つで、宇宙は**ビッグバンという大爆発により誕生し、高温高密度の「火の玉」状態から膨張とともに冷却し、その過程で恒星や銀河などの構造を作りながら、現在の状態に至った**という理論です。

一方で、ビッグバン理論には、本文にあったように、1つの問題が残っていました。それは、**そもそもどうやって高温高密度の「火の玉」が作られたのかという疑問**です。これにより、このビッグバン理論を宇宙進化論の定説とすることはできませんでした。

現在では宇宙の誕生の定説は、上に書いた**ビッグバン理論**と新たに**インフレーション理論**（**Inflation theory**）というものを組み合わせたものになっています。**インフレーション理論**とは、**宇宙の初期に急激な空間の膨張があったとする説**です。これにより、上記の「火の玉」が作られる謎に1つの答えを用意することができました。

インフレーション理論とは「無」の状態から「火の玉」が出来るまでを説明する理論です。宇宙の始まりの「無」の状態の中にも「ゆらぎ」という振動は存在しており、それによって**無数の小さな時空が誕生**しました。その中で、**強いエネルギーが加わり、時空が膨張して、大きな宇宙へとなっていった**ものがありました。この激しい膨張をインフレーションと言います。それが終わると、宇宙は高温高密度のいわゆる「火の玉」状態になります。このように、インフレーション理論によってビッグバン理論を補足した説が、現在の宇宙進化論の定説となっており、本文に記述された内容になります。

1 環境論

2 教育論

3 心理学

4 言語論

5 幸福論

6 心理学

7 社会論

8 国際関係論

9 宇宙論

10 心理学

自分語りがもたらす快楽

別冊 p.32 ／制限時間20分／ 362 words

解答

1 日常会話やSNSでの自分語りは、脳細胞やシナプスのレベルで、とても心地よいから。（40字）

2 1

3 他人に関する質問に答えるのを選ぶと、お金がもらえること。（28字）

4 (A) talk about themselves
(B) reward and satisfaction

解説

1

下線部(1)を含む文に、**so ～ that ...「とても～なので…」**が使われていることに注目する。**so ～ that ... は因果関係を作り、that の前が原因で、後ろが結果**にあたる。下線部(1)は結果にあたるので、that の手前が正解になる。この文の It は talking about ourselves, telling others about what we feel or think などの「自分語り」を指す。

論理 POINT ❻　因果関係を作る表現（接続詞編）

本文の so ～ that ...「とても～なので…」は、因果関係を作るので、要注意です。この表現を見たら、that の前後でどんな原因に対してどんな結果なのかを確認します。因果関係を作る接続詞をまとめます。

because「～だから」
so ／ that's why ～ .「だから～」
so ～ that ... ／ such ～ that ...「とても～なので…」

2

1. なしで済ます　　2. 支払う　　3. 手渡す　　4. ただでやる
forgo「なしで済ます」から、**1. do without**が正解。

> **語彙 POINT ⑨　for は not の意味**
>
> 　**for は not の意味**を持つので、**forget ＝ for (not) ＋ get ＝「忘れる」**になります。**forgo**は、**for (not) ＋ go ＝「なしで済ます」**という表現です。他にも、**forbid ＝ for (not) ＋ bid「命令する」＝「するなと命令する」＝「禁止する」**があります。

3

　the financial incentiveは「金銭的動機」なので、**何をしたらお金をもらえるか**が書いてある記述を探す。**第5段落第1文**「研究者たちは、もしボランティアが、オバマ大統領のような他人に関する質問に答えるのを選ぶなら、お金を渡した」が該当箇所だとわかる。具体例を省いて正解をまとめる。

4

　「この文章によると、『自己開示』は人が自分について話をすることで、それによってお金や食料を手に入れたときに感じるのと似たような報酬や満足感を手にすることができることを意味する。」

　空欄(A)を含む前半部分は、「自己開示は、人々が（　A　）を意味する」から、**第3段落第2文**の talk about themselves を指すとわかる。

　空欄(B)を含む後半部分は、「それによって（自分語りは）、お金や食料を得たときに感じるのと似たような（　B　）感につながる」となる。**最終段落第1文**「一般的に、自己開示という行為に伴って、食事やお金から得る**報酬**や**満足**感に関わる脳の領域の活動が一気に高まった」から、**reward and satisfaction**が正解。

Talking about ourselves — whether in a personal conversation or
　動名詞　　　　　　　　　　　　　　　O
through social media sites like Facebook and Twitter — triggers the
　　　　　　　前置詞の like「～ような」　　　talking ～ ourselves に対応する V
same sensation of pleasure in the brain as food or money, researchers
　　　　　　　　　　　　　　　　　　　　　　　　　　　　　　　　　S
reported Monday.
　V　　　M

About 40% (of everyday speech) is devoted [to telling others about
　S　　　　　　M　　　　　　　　V　　　　　　　M
what we feel or think]. Now, [through five brain imaging and
　　　　　　　　　　　　　　M
behavioral experiments], Harvard University neuroscientists have
　　talking about ourselves を指す　　　　　　S　　　　　　　　　　V
uncovered the reason: It feels so rewarding, [at the level of brain
　　　　　　　　O　同格のコロン S　V　　C　　　　　　M
cells and synapses], [that we can't help sharing our thoughts].
　　　　　　　　　　so ～ that の that　　　　　　　　　M

"Self-disclosure is extra rewarding," said Harvard neuroscientist
　　　　　　O　　　　　　　　　　　　　　V　　　　S
Diana Tamir, who conducted the experiments [with her colleague].
　　　　　　　そしてその人は　V　　　　　O　　　　　M
"People were even willing to forgo money in order to talk about
　　　　　　　　　　　　　　　　　　　O
themselves," Ms. Tamir said.
　　　　　　　　S　　V

[To assess people's inclination for what the researchers call "self-
　不定詞　副詞的用法「～ために」　　　　　M
disclosure]," they conducted laboratory tests [to see whether people
　Tamir と同僚 S　V　　　　O　　　　不定詞 副詞的用法　結果用法「そして～」
placed an unusually high value on the opportunity to share their
　　　　　　M　　　　　　　　　　　　　　不定詞 形容詞的用法
thoughts and feelings]. They also monitored brain activity (among
　　　　　Tamir と同僚 S　M　V　　　O　　　M
some volunteers) [to see what parts of the brain were most excited
　　　　　　　　　不定詞 副詞的用法　結果用法「そして～」　　M
when people talked about themselves as opposed to other people].
　　　　　　　　　　　　　　　「～と対照的に」

1 環境論
2 教育論
3 心理学
4 言語論
5 幸福論
6 心理学
7 社会論
8 国際関係論
9 宇宙論
10 心理学

/////// 本 文 訳 ///////

　自分語りは、人との会話やフェイスブックやツイッターのようなSNSを通じてでも、食事やお金から得られるのと同じ快楽を脳の中で得られると、研究者が月曜日に報告した。

　毎日の会話のおよそ40%が、他人に自分たちの感じたことや考えたことについて語ることに費やされている。そして、5つの脳の画像や行動実験を通じて、ハーバード大学の神経科学者はその理由を明らかにした。自分語りは、脳細胞やシナプスのレベルで、とても快楽を感じるので、自分の考えを共有せざるを得なくなる。

　「自己開示はさらに報酬を得られる」と、同僚と実験を行ったハーバード大学の神経科学者のダイアナ・タミールさんは言った。「人は自分語りのためならすすんでお金を放棄すらしたものだ」とタミールさんは言った。

　科学者が「自己開示」と呼ぶものに対する人の好みを評価するために、その人たちは研究所でテストを行って、並外れて高い価値を自分の考えや感情を共有する機会に置いているかどうかを確かめた。また、一部のボランティアの脳の活動を観察して、脳のどの部分が、人が他人ではなく自分について話すと興奮するのかを確かめた。

/////// 語 彙 リ ス ト ///////

☐ personal	形 個人的な	☐ cannot help doing	熟 ～せざるをえない
☐ conversation	名 会話	☐ self-disclosure	名 自己開示
☐ trigger	動 引き起こす	☐ extra	副 特別に
☐ sensation	名 感覚	☐ conduct	動 行う
☐ the same A as B	熟 Bと同じA	☐ be willing to do	熟 すすんで～する
☐ report	動 報告する	☐ forgo	動 なしで済ませる
☐ devote A to B	熟 AをBに捧げる	☐ assess	動 評価する
☐ behavioral	形 行動の	☐ inclination	名 好み
☐ experiment	名 実験	☐ laboratory	名 研究所
☐ neuroscientist	名 神経科学者	☐ place A on B	熟 AをBに置く
☐ uncover	動 打ち明ける	☐ opportunity	名 機会
☐ rewarding	形 価値のある	☐ monitor	動 監視する
☐ cell	名 細胞	☐ as opposed to	熟 ～と対照的に

▶ 単語10回CHECK　1　2　3　4　5　6　7　8　9　10

The dozens (of volunteers) were mostly Americans (who lived near
　　S　　　　　　　M　　　　　V　　　M　　　　C　　　　　　　M
the university).

　[In several tests], they offered the volunteers money [if they chose
　　　　M　　　　　Tamirと同僚 S　　V　　　　O₁　　　　O₂　the volunteersを指す
to answer questions about other people, such as President Obama,
　　　　　　　　　　　　　　M
rather than about themselves, paying out on a sliding scale of up to
B rather than A「AというよりもむしろB」　分詞構文「〜して」
four cents]. Questions involved casual matters (such as whether
　　　　　　　　S　　　　V　　　　O　　　　　　　M
someone enjoyed snowboarding or liked mushrooms on a pizza).

Other queries involved personality traits, (such as intelligence,
　　S　　　　　V　　　　　O　　　　　　　　　M
curiosity or aggression).
　　　　　　intelligence, curiosity, aggressionの３つの接続
　[Despite the financial incentive], people often preferred ＜to talk
　　　　　　　M　　　　　　　　　　S　　M　　V　不定詞 名詞的用法
about themselves＞ and willingly gave up between 17% and 25% (of
　　O　　　　　　　M　　　V　　　　　O
their potential earnings) so they could reveal personal information.
　　　　M　　　　　　　S　　V　　　　　O
　[In related tests], the scientists used a functional magnetic
　　　M　　　　　　S　　　V　　　O
resonance imaging scanner, which tracks changes (in blood flow)
　　　　　　　　　　, which「そしてそれは」V　　O　　　　M
(between neurons associated with mental activity), [to see what
　　M　　　　　過去分詞の名詞修飾　　　不定詞 副詞的用法 結果用法「そして〜」
parts of the brain responded most strongly when people talked about
　　　　　　　　　　　　　　M
their own beliefs and options, rather than speculating about other
　　　　　　　　　　B rather than A「AというよりもむしろB」
people].

何十人ものボランティアの大半が、大学の近くに住むアメリカ人だった。

　複数のテストで、もしボランティアが、自分自身に関する質問よりも、オバマ大統領のような他人に関する質問に答えることを選ぶなら、研究者たちはお金を渡して４セントまでを段階的に支払った。質問の中には、誰かがスノーボードを好きかとか、ピザのマッシュルームは好きかのような何気ない質問もあった。ほかの質問には、知性、好奇心、攻撃性のような性格上の特色に触れるものもあった。

　金銭的動機付けにもかかわらず、人はたいてい自分語りを好み、すすんで17%〜25%くらい稼げる可能性を放棄して、個人情報を明らかにした。

　関連するテストでは、科学者は機能的磁気共鳴画像装置という神経活動に関わるニューロンの間の血流の変化を追跡するものを使って、他人について思いを巡らすよりも自分の考えや選択肢について話すとき、脳のどの部分が最も強く反応するかを確かめた。

dozens of	熟 何十もの	prefer to do	動 ～するのを好む
several	形 いくつかの	willingly	副 すすんで～する
choose to do	動 ～するのを選ぶ	give up	熟 放棄する
B rather than A	熟 AというよりむしろB	potential	形 潜在的な
sliding	形 変化する	earning	名 所得
scale	名 基準	reveal	動 明らかにする
up to	熟 ～まで	related	形 関連する
involve	動 巻きこむ	functional	形 機能上の
casual	形 何気ない	magnetic	形 磁気の
matter	名 問題	resonance	名 共振
query	名 疑問	track	動 追跡する
personality	名 性格	blood	名 血液
trait	名 特色	flow	名 流れ
intelligence	名 知性	neuron	名 神経単位
curiosity	名 好奇心	be associated with	動 ～と関連する
aggression	名 攻撃	respond	動 反応する
despite	前 ～にもかかわらず	option	名 選択肢
financial	形 金融上の	speculate	動 推測する
incentive	名 報奨金		

▶ 単語10回CHECK 1 　 2 　 3 　 4 　 5 　 6 　 7 　 8 　 9 　 10

113

Generally, acts (of self-disclosure) were accompanied [by spurts of
　　M　　　S　　　　　M　　　　　　　　V　　　　　　　　M
heightened activity in brain regions belonging to the meso-limbic
　　　　　　　　　　　　　　　　　　　　▲
　　　　　　　　　　　　　　　現在分詞の名詞修飾
dopamine system], which is associated with the sense (of reward and
　　　　　　　　　　　　▲　　　　　V　　　　　　　O　　　　　M
　　　　　　　　　　「そしてそれは」
satisfaction from food or money).

1
環境論

2
教育論

3
心理学

4
言語論

5
幸福論

6
心理学

7
社会論

8
国際関係論

9
宇宙論

10
心理学

本 文 訳

　一般的に、自己開示という行為に伴って、食事やお金から得る報酬や満足感に関わる、中脳辺縁系ドーパミン経路に属する脳の領域の活動が一気に高まった。

語 彙 リ ス ト

☐ be accompanied by	動	～が伴う
☐ spurt	名	噴出
☐ heighten	動	高める

☐ region	名	領域
☐ satisfaction	名	満足

▸ 単語10回CHECK 　1　　2　　3　　4　　5　　6　　7　　8　　9　　10

Talking about ourselves — whether in a personal conversation or through social media sites like Facebook and Twitter — triggers the same sensation of pleasure in the brain as food or money, researchers reported Monday.

About 40% of everyday speech is devoted to telling others about what we feel or think. Now, through five brain imaging and behavioral experiments, Harvard University neuroscientists have uncovered the reason: It feels so rewarding, at the level of brain cells and synapses, that we can't help sharing our thoughts.

"Self-disclosure is extra rewarding," said Harvard neuroscientist Diana Tamir, who conducted the experiments with her colleague. "People were even willing to forgo money in order to talk about themselves," Ms. Tamir said.

To assess people's inclination for what the researchers call "self-disclosure," they conducted laboratory tests to see whether people placed an unusually high value on the opportunity to share their thoughts and feelings. They also monitored brain activity among some volunteers to see what parts of the brain were most excited when people talked about themselves as opposed to other people. The dozens of volunteers were mostly Americans who lived near the university.

In several tests, they offered the volunteers money if they chose to answer questions about other people, such as President Obama, rather than about themselves, paying out on a sliding scale of up to four cents. Questions involved casual matters such as whether someone enjoyed snowboarding or liked mushrooms on a pizza. Other queries involved personality traits, such as intelligence, curiosity or aggression.

Despite the financial incentive, people often preferred to talk about themselves and willingly gave up between 17% and 25% of their potential earnings so they could reveal personal information.

In related tests, the scientists used a functional magnetic resonance imaging scanner, which tracks changes in blood flow between neurons associated with mental activity, to see what parts of the brain responded most strongly when people talked about their own beliefs and options, rather than speculating about other people.

Generally, acts of self-disclosure were accompanied by spurts of heightened activity in brain regions belonging to the meso-limbic dopamine system, which is associated with the sense of reward and satisfaction from food or money.

▶10回音読CHECK 1 2 3 4 5 6 7 8 9 10

自分語りの功罪

現代では、SNSが流行してから、自分語りをする場所や手段にあふれているように感じます。Facebook、Blog、Twitter, Instagramで、美味しそうな料理の写真や旅行先の絶景を次から次へとあげていく人も多いものです。

本文にあったように、ハーバード大学の神経学者が、**自分語りはお金や美味しい食べ物から得られるのと同じ快楽を感じる**ようだと発表しました。脳内のドーパミンを発することに関連する部位が活性化するようです。ドーパミンとは快楽物質の一種で、食事やお金等の報酬やドラッグによって分泌されるものです。

そして、他人の話をすることで報酬が得られるときでさえ、多くの人はそれを犠牲にして、自分語りをする選択をするそうです。

一方で、自分語りの罪の部分を見ていきます。みんなが自分のことを話すのが快適なのだから、人の話を一方的に聞かされても面白くありません。特に自分語りが好きな人たちは、気付かないうちに、話の内容が自慢話ばかりになってしまいます。ゆえに、**無意識のうちにやってしまう自分語りは、自らすすんで嫌われる行為をするようなもの**だとも言えます。

では、**自分語りで気持ちよくなると同時に、人に嫌われずに済む方法**はないのでしょうか。それは、**自慢話と正反対の失敗談を話すこと**です。

その時はもうこの世の終わりだと思うくらいに苦しんだことも、たいていは10年くらいすれば笑い話に変えられるようになります。**人が心動かされるのは、順風満帆な右肩上がりの人生ではなくて、多くの困難を乗り越えて先に進むストーリー**です。

今困難の最中にあって苦しんでいる人、思い出したくもない心の傷を抱えている人、いつか人前で笑い飛ばせる日がくれば、すべての挫折を正当化できるようになるかもしれません。

失敗続きですっかり自信をなくしている人もぜひ覚えておいてください。すべての失敗は過程にすぎないこと。その挫折が弱い人の気持ちを理解させてくれて、自分の共感能力を磨いてくれる大切な契機になること。いつか笑い飛ばせる日がくると信じて、今日もあきらめずに頑張り続けてください。

おわりに

　本書を最後まで読んでくださった読者の方一人一人に、心より御礼申し上げます。多岐にわたる英語学習の中でも、本書はリーディングとリスニングの強化を狙いとしています。大学入試のみならず、TOEICや英検においても、この2大分野が得意になれば、人生の道が大きく開けてくるはずです。

　その最大のコツとは、音読を10回することでした。音読の効果は、枚挙にいとまがないくらい先人の英語学習者や、実際に私が教えてきた何万人にも及ぶ生徒たちが証明してくれています。特に、単語そのものの記憶と、長文を実際に何度も読み込むことによる真の語彙力の定着は、一生ものの英語力となります。

　英語力の壁にぶつかったとき、必ず単語力と音読という原点に立ち返ってみてください。必ずやこの2つが、あなたがぶつかっている壁を壊してくれるはずです。

　そして、まだ本書はハイレベルという最高峰のレベルではないことをお忘れないようにお願いします。本書で取り上げた10の英文を完璧にしたら、ぜひ次のトップレベルへと進んでください。トップレベルにおいても、音読の重要性は変わりありません。音読に最適な語数の良問を10題揃えています。本シリーズが、あなたの人生を変えるシリーズとなることを願っています。

　最後に、本書の企画・編集を担当してくださった（株）かんき出版の前澤美恵子様、素敵なデザインを施してくださったワーク・ワンダースの鈴木智則様、念入りに校正をしてくださったエディットの皆様、最後までお付き合いいただいた読者の皆様に、心より御礼申し上げます。

肘井　学

【著者紹介】

肘井 学（ひじい・がく）

◉——慶應義塾大学文学部英米文学専攻卒業。全国のさまざまな予備校をへて、リクルートが主催するネット講義サービス「スタディサプリ」で教鞭をとり、高校生、受験生から英語を学びなおす社会人まで、圧倒的な満足度を誇る。

◉——「スタディサプリ」で公開される「英文読解」の講座は、年間25万人の生徒が受講する超人気講座となっている。さらに「東大英語」「京大英語」を担当し、受講者に多くの成功体験を与えている。

◉——週刊英和新聞「朝日ウィークリー（Asahi Weekly）」にてコラムを連載するなど、幅広く活躍中。

◉——著書に『大学入試　肘井学の読解のための英文法が面白いほどわかる本』『大学入試　肘井学の　ゼロから英語長文が面白いほどわかる本』『大学入試　ゼロから英文法が面白いほどわかる本』『語源とマンガで英単語が面白いほど覚えられる本』『大学入試　肘井学の　作文のための英文法が面白いほどわかる本』（以上KADOKAWA）、『難関大のための　上級問題　特訓リーディング』（旺文社）、『高校の英文法が1冊でしっかりわかる本』『高校の英文読解が1冊でしっかりわかる本』（かんき出版）などがある。

大学入試 レベル別英語長文問題ソリューション2　ハイレベル

2020年9月7日　第1刷発行
2023年9月1日　第8刷発行

著　者——肘井　学
発行者——齊藤　龍男
発行所——株式会社かんき出版
　　　　　東京都千代田区麹町4-1-4 西脇ビル　〒102-0083
　　　　　電話　営業部：03（3262）8011㈹　編集部：03（3262）8012㈹
　　　　　FAX　03（3234）4421　　　　振替　00100-2-62304
　　　　　http://www.kanki-pub.co.jp/
印刷所——大日本印刷株式会社